No Más Pálidas

www.xnpartners.com

www.nomaspalidas.com

Autores

Enrique Baliño
(Montevideo, 1954)

Es socio fundador y CEO de Xn Partners.
Como consultor de la firma, diseña y facilita la implementación de
soluciones de desarrollo de habilidades de liderazgo y gestión para
ejecutivos, y de cambio organizacional basado en Indagación Apreciativa.
Es autor de la conferencia motivacional "Cuatro Actitudes para el Éxito",
que constituye la base de este libro.

Tuvo una extensa y destacada trayectoria en IBM.
Fue Presidente y Gerente General de IBM Uruguay, Director de
Satisfacción de Clientes, Gerente General y Director para el Sector Público
para IBM Latinoamérica, Presidente y Gerente General de IBM
Latinoamérica Sur.

Desde su regreso a Uruguay, ha dedicado una gran parte de su tiempo a
trabajar en forma honoraria en organizaciones sin fines de lucro, como
DESEM Junior Achievement y Endeavor Uruguay, entre otras.

Es Ingeniero de Sistemas graduado en la Universidad de la República
(Uruguay). Adicionalmente, obtuvo educación ejecutiva en las
universidades de Carnegie Mellon y Columbia University.

Carlos Pacheco
(Montevideo, 1964)

Es periodista y escritor.
Trabajó como editor en temas tecnológicos en los diarios El Observador y
El País de Uruguay. Fue Editor General de las Colecciones "Guías
Prácticas" y "Casos Prácticos" para Empresarios sin Tiempo (co-editado
por El Observador y Xn Partners).

NO +
EXCUSAS
PÁLIDAS
QUEJAS

Cuatro actitudes para el éxito

• •

ENRIQUE BALIÑO
& Carlos Pacheco

www.nomaspalidas.com
www.xnpartners.com

Copyright Enrique Baliño
Con la colaboración de Carlos Pacheco

De esta edición
Copyright Xn Uruguay SA (Xⁿ Partners)
Rambla República de México 5795 CP 11400 Montevideo Uruguay
Teléfono +598 2601 9006
publishing@xnpartners.com

Xn Publishing es la unidad editorial y de contenidos de Xn

Diseño Editorial
MJF Comunicación

EAN-13: 9781453890059
ISBN-10: 145389005X

Hecho el depósito que indica la ley.

Vigésima edición. Diciembre de 2017.

Para mi familia que llevo conmigo estén donde estén.
Para quienes en mi vida me enseñaron,
me ayudaron a crecer y me dieron la oportunidad de disfrutar en su compañía.

Enrique

Índice

Presentación

Vivimos en una sociedad de organizaciones. Nuestras necesidades físicas, relacionales y espirituales -desde la alimentación hasta la autorrealización- son satisfechas a través de organizaciones con diversas misiones -lucrativas o no. Las organizaciones importan porque su efectividad impulsa nuestro bienestar y desarrollo. Y por eso importan sus líderes y gerentes. En definitiva, a ellos les toca el papel de magnificar y dirigir la energía de su gente hacia la creación de valor. Esa es su tarea medular y también su responsabilidad social.

En X^n compartimos un propósito que nos anima y que es la razón de ser de este libro: difundir y arraigar en las organizaciones de América Latina el mejor pensamiento y "saber-hacer" de liderazgo y gestión como palanca clave para elevar la efectividad organizacional y promover —por esta vía— organizaciones que logren los resultados deseados y que sean excelentes lugares para trabajar. Queremos llevar a nuestros clientes (X) a su máximo potencial (n). Pero llevar a una organización a su máximo potencial solo puede hacerse si llevamos a las personas que la componen, a su máximo potencial (empezando por los jefes, convirtiéndolos en líderes). Si podemos contribuir con esto, habremos ayudado a mejorar los productos y servicios de nuestros clientes generando organizaciones donde la gente va entusiasmada a trabajar, a crear oportunidades y a disfrutar en el camino junto a sus colegas. Si lo logramos, estaremos mejorando la calidad de vida de nuestras naciones. Queremos cambiar el mundo, un líder a la vez. A medida que ha avanzado nuestra práctica de consultoría conjunta, hemos visto a Enrique inspirar a mucha gente con la charla que es la base de "**No Más Pálidas – Cuatro Actitudes para el Éxito**".

Puede atribuirse a este hecho y a la intención fundacional de X^n, el origen de este libro. El placer de ponerlo en sus manos, se lo debemos al formidable trabajo de Enrique y el equipo de X^n Publishing que convirtió aquella posibilidad en realidad.

Prólogo

Antes que nada, permítanme que intente aclarar qué significa el título del libro de Enrique Baliño: "No más pálidas". Porque esta expresión solo la entienden ciertos hablantes (no todos) del espacio lingüístico uruguayo-argentino. Tan jerga es, que ni aparece en el Diccionario Panhispánico de Dudas. "No más pálidas" es algo así como "dejen de hablar siempre de lo que está mal"; "no estén todo el rato quejándose"; "ya está bien de mala onda o de mal rollo". La "pálida" implica, en suma, una actitud pesimista y negativa. Y a combatir esta actitud ha dedicado su libro mi compatriota y tocayo Enrique Baliño junto con el escritor y periodista Carlos Pacheco.

El subtítulo es, en cambio, meridianamente claro: "Cuatro actitudes para el éxito en las organizaciones y en la vida personal". Porque Baliño cree que el éxito requiere una actitud positiva, el famoso *positive thinking*, que tantas veces yo mismo he oído en Estados Unidos, donde viví durante casi veinte años y donde, precisamente, el autor de "No más pálidas" ha hecho una buena parte de su exitosa carrera profesional como alto directivo de IBM. De EE.UU. se trajo la reveladora frase de un consejero delegado de Disney World a quien un periodista preguntó cuándo empieza y cuándo termina la excelencia en la gestión. Este señor contestó: "Muy fácil. Empieza todos los días y no termina nunca".

Con esta motivación, la búsqueda de la excelencia, Baliño escribe una obra que pretende mejorar el sistema organizativo en Uruguay y en América Latina. El libro arranca proponiéndonos que "el éxito es un viaje, no un destino" y, de inmediato, nos invita a adoptar cuatro tipos de actitud: la Positiva, la de Equipo, la de Mejora Continua, y la de Responsabilidad. Se trata de actitudes que él asocia, respectivamente, al futuro, a la fuerza, a la evolución, y al hecho de "sentirse dueño"; esto es, comprometido con el trabajo del que eres responsable.

Las propuestas de "No más pálidas" proceden, según cuenta Baliño, de una intensa sesión de trabajo que tuvo con su equipo directivo hacia finales de 1986, a los pocos meses de regresar a Uruguay tras sus años de vida profesional en Estados Unidos.

Visto que la empresa no marchaba bien, Baliño apuesta por dar un giro radical a su sistema de trabajo para, entre otras cosas, duplicar las ventas en cuatro años.

Pero la vida del autor no se queda en la ambición comercial. Cuando ya ha conseguido el éxito en IBM Uruguay, invierte en una empresa de Telecomunicaciones, se interesa por la Sociedad de la Información y, en fin, se vuelca a promover la educación y el espíritu emprendedor de la juventud. Para ello se rodea de jóvenes a los que inculca no ya optimismo, sino lo que a él le parece más importante: una mentalidad positiva. "El futuro -les dice-está en las manos de uno mismo, no de los demás".

En este punto, tengo que expresar cuánto comparto esta determinación; cuánto he creído toda mi vida en el valor de la educación y, sobre todo, de la educación infantil y juvenil. Y tengo que destacar que leo esta obra en 2010, año en el que la vigésima Cumbre Iberoamericana de Jefes de Estado y de Gobierno se celebra en Mar del Plata (Argentina) precisamente bajo el lema "Educación para la Inclusión Social". La Secretaría General Iberoamericana que me honro en dirigir y que es, entre otras cosas, un órgano de apoyo a estas Cumbres, no puede sino celebrar todo trabajo que se centre en el ámbito educativo. Porque se trata, al cabo, del esfuerzo más determinante para conseguir un mundo mejor; para que nuestros jóvenes formen lo que llamamos "la generación del Bicentenario"; esto es, la más educada y la más desarrollada de nuestra historia como Comunidad.

Para lograrlo, ayudan mucho las actitudes que nos proponen Enrique Baliño y Carlos Pacheco. Son herramientas valiosas para enfrentar los vaivenes de un mundo que está cambiando mucho. No en vano, el autor de "No más pálidas" cita con frecuencia a ese notable naturalista inglés que fue Charles Darwin cuando decía: "No es la especie más fuerte ni la más inteligente la que sobrevive, sino la que tiene mejor y más rápida adaptación al cambio".

Creo que el trabajo de Baliño, a partir de experiencias personales, vividas con merecido éxito, es una buena contribución -especialmente para las jóvenes generaciones- para pensar y pensarse sobre cómo abordar con espíritu positivo, la enorme creatividad que nos reclama el futuro de nuestro país.

Enrique V. Iglesias
Secretario General Iberoamericano

Sobre este libro

El contenido de "No Más Pálidas" se fue gestando a lo largo de varios años en los que busqué dar forma a la cultura organizacional de los equipos que tuve el honor de dirigir. Después de investigar y estudiar y observar a muchas personas con las que tuve la oportunidad de trabajar, le di forma a una charla en la que resumí las condiciones necesarias para alcanzar las metas cada vez más desafiantes que teníamos por delante o lo que llamamos éxito. Esa charla fue creciendo hasta transformarse en una conferencia, que dictaba rigurosamente una vez por trimestre a todas aquellas nuevas personas que se habían incorporado a la organización. Era parte del programa de inducción. Era una manera de formar esa cultura. A esa reunión le llamábamos el *kickoff*. La sesión empezaba con esa conferencia y seguía con intervenciones de los demás gerentes, quienes describían cada una de las áreas de la empresa. Recuerdo que les decía que estaban en una empresa de tecnología que cambiaba por minuto y que los gerentes que vendrían a continuación de mi charla les contarían muchas de esas cosas y que tenían que acostumbrarse a los cambios y, más aún, provocarlos. Pero que mi misión era contarles lo que no iba a cambiar: los valores y las actitudes que necesitábamos tener si queríamos tener éxito.

Más adelante fui invitado a exponer sobre este tema en múltiples oportunidades ante distintos públicos empresariales, jóvenes, entre otros. Lo hice tanto en Uruguay como en el exterior.

En 2009 se aprobó el proyecto de convertir el contenido de esas conferencias en un libro y se constituyó un equipo en X^n Publishing, división de publicaciones de X^n para su realización.

El equipo que hizo posible esta publicación estuvo integrado por Carlos Pacheco, Julio Martínez Itté, Magdalena Ruiz, Fabián Baliño y Diego Blixen.

El reconocimiento especial a Carlos, con quien comencé a trabajar en el año 2002, porque varios años antes de esta idea, se ofreció, a su costo, a escribir un libro con los contenidos de esas charlas porque sentía que eso debía tener más difusión. En ese momento le agradecí y lo archivé.

El reconocimiento especial a Julio, que se puso el proyecto al hombro y no descansó hasta que su contenido estuviera completo, aportando sustantivamente con elementos conceptuales y académicos clave.

A Fabián, que nos ayudó con parte de la investigación. Y, finalmente, a Magdalena primero y a Diego en las etapas finales (que siempre requieren coordinar miles de detalles), que hicieron posible su publicación.

Posteriormente a la publicación de 2010, Fernando Baliño se encargó desde mejorar el diseño de la tapa, crear y mantener el blog www.nomaspalidas.com, de la difusión en las redes sociales, hasta traducirlo al inglés. Un agradecimiento muy especial a su formidable trabajo.

Enrique Baliño

Primera parte
El éxito es un viaje, no un destino

"De las 25 compañías industriales más importantes en EE.UU. a principios de 1900, hoy solo quedan dos".

Thomas Watson Jr. en su libro *A Business and Its Beliefs: The Ideas That Helped Build IBM* (Una compañía y sus Creencias). Thomas Watson Jr. fue presidente de IBM entre 1952 y 1971.

No More Palids

Fue hace muchos años, pero lo recuerdo como si fuera hoy. Todos hemos tenido noches sin dormir y sabemos lo que eso significa. Fue una de esas noches.

En la década de los ochenta, me encontraba en un momento muy importante de mi carrera como ejecutivo en IBM. Poco antes me habían designado para una posición en Estados Unidos, donde había trabajado con intensidad y donde había aprendido mucho. O al menos eso es lo que yo creía.

Volví a Uruguay en 1986. Me habían promovido a Gerente Comercial, una posición más alta que la que ocupaba cuando me fui. Había comenzado con un gran compromiso y trabajado con todas mis fuerzas durante ese primer año. Había escuchado, apoyado y asistido a los miembros de mi equipo en todos sus problemas. Había actuado siempre con entusiasmo y había motivado a las personas a mi cargo. Mi oficina había estado abierta todo el día y todos sabían que podían hablar conmigo cuando quisiesen.

Pero al cabo de un año no logré ninguno de los objetivos. Mi gestión fue un desastre. No fue necesario llegar a fin de año para que yo ya lo supiera. Tampoco necesitaba hablar con mi jefe para que me lo recordara.

Pensé mucho en el porqué de mi fracaso. Había trabajado fuerte, había sido responsable, había escuchado a todos y conocía la empresa al detalle y sin embargo, las cosas me habían salido mal. ¿Qué había hecho mal? ¿Qué era lo que me había faltado?

Me propuse cambiar la situación de forma radical. Convoqué a una reunión con mi equipo y dije: "Quiero hacer un plan para duplicar las ventas de la empresa en los siguientes cuatro años". La respuesta fue: "Es imposible".

Aquella reunión fue una de las más fructíferas pero también una de las más difíciles de mi vida. Muchas veces he pasado la noche sin dormir. Esa fue una de ellas y en esas horas confirmé algo sobre lo que había estado pensando mucho. Había fracasado porque me había pasado el año entero escuchando problemas que en su mayoría no tenían solución. Había liderado una organización en la que las energías se concentraban en los problemas, en lugar de concentrarlas en las soluciones y en las oportunidades. Había liderado una organización que ante las nuevas ideas, ante los desafíos ambiciosos, tenía la tendencia a responder: "No se puede".

Me gusta tocar la guitarra. En aquella noche de desvelo compuse una canción en la que resumí de manera muy breve, brevísima, lo que sería mi lema de trabajo en los próximos años. Se llamó "No more palids", o "No más pálidas". En Uruguay le decimos "pálidas" a hablar siempre de lo que está mal, a encontrarle un problema a cada idea o solución, al deporte de quejarse de todo y todo el tiempo. La canción me salió en inglés o *spanglish* e inventé la palabra "palids". Después me enteré de que en inglés existe la palabra *pallid* que quiere decir pálido.

Con el tiempo, con la experiencia y con la generosidad de varios maestros que me enseñaron mucho descubrí que la clave del éxito de IBM Uruguay en los años posteriores a aquel año nefasto, fue el cambio de actitudes. Algunos de estos maestros fueron mis jefes, pero muchos fueron personas que reportaban a mí. Aquella reunión durísima y aquella noche en vela fueron el punto de partida de un cambio que luego dio sus frutos.

Las actitudes que adoptamos en aquel colectivo y que impulsaron los logros posteriores las resumí en cuatro.

Actitud positiva

Actitud de equipo

Actitud de mejora continua

Actitud de responsabilidad

Esas cuatro actitudes forman un puñado de factores que separan a las personas y organizaciones que tienen éxito a lo largo del tiempo de las que se estancan y se derrumban.

Todas estas actitudes determinan el éxito, concebido como un viaje, no como un destino. Mi definición de éxito es que es un viaje personal que nunca termina.

Empecemos por ahí.

Un viaje sin fin

Muchas veces nos preguntamos por qué, mas allá de las fluctuaciones naturales que se dan en la trayectoria de cualquier organización (porque siempre hay altibajos), hay empresas que siguen estando en la vanguardia. Nos preguntamos porque hay empresas que sostienen su éxito en el tiempo y otras no. Nos preguntamos por qué algunas organizaciones son capaces de ser siempre ejemplares, estar siempre vivas, siempre desempeñándose con éxito y por qué otras no... Por qué a algunos países les va bien y a otros no. Por qué a ciertas personas las acompaña el éxito y a otras no.

Según la cita de Watson, 23 de las 25 compañías industriales en EE.UU. a comienzos de 1900 desaparecieron, fueron absorbidas o se fusionaron. ¿Por qué?

Se podría responder que en la década del treinta hubo una crisis brutal en Estados Unidos, la crisis de 1929, que arrasó con muchas empresas. Pero esa no es la razón. Las crisis no distinguen a sus víctimas. Tratan mal a todos por igual. Muchos piensan que una crisis la puede soportar mejor una empresa grande y poderosa. Pero en las crisis han caído gigantes y han resistido enanos.

Por supuesto que en algo influyó la crisis de 1929. Pero eso no es lo más interesante, porque lo que estaríamos haciendo es observar las causas externas a las empresas. Lo verdaderamente interesante es observar a las empresas por dentro y analizar porqué unas son exitosas y otras no, qué factores tienen en común y en qué se diferencian de las demás. Lo interesante es observar las condiciones que al interior de las empresas construyen el éxito.

Lo interesante es saber qué es lo que lleva al éxito. Lo interesante es saber qué es lo que tienen de diferente los países, las empresas y las personas a las que le va bien.

Nada es para siempre

Lo que he podido observar en mi experiencia empresarial, pero también en otras experiencias de vida es que, en la gran mayoría de los casos, cuando se cumplen ciertas condiciones, el éxito se alcanza.

Si se estudia la lista de las empresas *Fortune 500*, se descubre una importante variación año a año. Todos los años hay empresas que logran entrar en esa lista dorada y todos los años hay empresas que salen de esa lista. Algunas no vuelven nunca más. Ni a la lista *Fortune 500* ni a ninguna otra lista.

Cuando le preguntamos a los jóvenes ¿conocen a Pan Am? la respuesta es "Sí". Pero para ellos es una joven argentina curvilínea, que luego se convirtió en conductora de programas infantiles. Las nuevas generaciones no saben que una empresa llamada Pan Am fue la Nº1 de la aviación civil mundial durante la década de los setenta. Un día cayó y no se levantó más. Era la empresa modelo en el mundo, que había estado en los primeros lugares de las 500 de *Fortune* durante muchos años. Cerró en la década de los ochenta y desapareció. Hoy es un vago recuerdo para los que aun tienen memoria y algunos años encima. Recuerdo que en una serie cómica de televisión, que emitían hace algunos años por televisión abierta, un padre quería explicarle a su hijo que no debía buscar el camino fácil, porque eso le daría algún éxito momentáneo pero luego se esfumaría. Le dijo: "¿Querés terminar como Erik Estrada?". El hijo lo miró sonriendo y dijo "¿Y ese quién es?". El padre le iba a contestar que había sido el ídolo de la popular serie de televisión "Chips", de los años setenta, y que hoy hacía publicidad de productos tipo "¡Llame ya!", pero en lugar de eso, le dijo "Es e-s-o lo que te quiero decir".

Llegar a ser una de las empresas que integran la lista de las 500 de *Fortune* es muy difícil. Pero mantenerse en la lista es mucho más difícil. Solo 71 empresas se mantuvieron allí desde 1955, año en el que comenzó a publicarse. Un estudio de esa lista entre los años 70 al 83, muestra que ¡un tercio de la lista no existe más!

Son pocos los que saben que el rey de los sistemas operativos para computadoras personales en la década de los ochenta se llamaba Gary Kildall. No solo fue el rey, sino que además fue una figura clave en el nacimiento de la computación personal: desarrolló varios de los conceptos que hoy siguen siendo la base de esta industria. A fines de la década de los setenta y comienzos de los ochenta, surgieron varios modelos de computadoras personales y entre ellos, uno muy exitoso, la IBM PC, lanzada en 1981. El sistema operativo dominante en ese sector de mercado en plena expansión era CP/M, comercializado por *Digital Research*, la empresa de Gary Kildall. CP/M se vendía como pan caliente y Kildall logró en pocos años una fortuna fenomenal, que en parte gastó en su hobby favorito, la aviación. Su enemigo era una insignificante empresa de software, liderada por un joven con aspecto aniñado y lentes que le tapaban la mitad del rostro. Me refiero a Microsoft y a Bill Gates. El éxito de Kildall duró unos 5 años. El de Bill Gates lleva más de 30 años.

Hay muchos ejemplos como este. A nivel de países, si nos acercamos al Cono Sur a principios de 1900, podemos observar que Uruguay era una de las primeras potencias agropecuarias del mundo, después de Australia, Nueva Zelanda y Argentina. Uruguay tuvo 50 años de prosperidad. ¿Y después? ¿Qué pasó?

Estos pocos ejemplos nos dejan una primera enseñanza: *no existe la prosperidad garantizada. Nada es para siempre.* El futuro no es una proyección del pasado. El hecho de que nos haya ido bien en el pasado no nos garantiza ni tampoco nos da el "derecho" de que nos vaya bien en el futuro.

Las ventajas no son para siempre

Las ventajas que hoy tenemos difícilmente sean las mismas que necesitaremos mañana para preservar el éxito. Las ventajas comparativas no son eternas. Y las ventajas competitivas, esto resulta más evidente, son temporarias.

En el libro *El dilema del innovador*, Clayton Christensen plantea que generalmente las empresas que logran el éxito, luego fallan en mantener ese éxito. La razón es que los mercados y las tecnologías cambian y lo que antes nos proporcionó el éxito, al pasar el tiempo, ya no sirve más.

Pero podemos seguir teniendo ventajas...

Si estamos dispuestos a *innovar* y a reinventarnos cada día. Si estamos dispuestos a *crear y recrear valor* para alguien.

Si estamos dispuestos a abrazar con entusiasmo la destrucción creativa y *evolucionar.*

Podemos seguir teniendo ventajas, si primero estamos dispuestos a innovar, crear valor, evolucionar y crear prosperidad... *cada día.* Estas son las verdaderas causas, las verdaderas raíces sobre las que se apalanca el progreso.

Y si no... Añoraremos nuestros éxitos del pasado, mientras seguimos siendo cada vez más pobres.

Una vez, Alejandro Dolina, en su programa radial "La venganza será terrible", hizo una reflexión muy interesante. Contó que en el teatro japonés cada actor lleva un farol para iluminarse a sí mismo y que le parecía una metáfora extraordinaria. "Está muy bien eso de que cada uno aporte su farol, en lugar de tener instalados faroles de la vida en el pasado. Pensemos en esa gente que tiene instalados sus faroles en el pasado, por ejemplo en 1957. No hace más que referirse a cuando era joven. La vida está iluminada desde 1957. Entonces las sombras son largas, muy largas". Si uno lleva el farol a su lado, en el centro de su vida, entonces la luminosidad está en el presente.

Detenerse en lo que ya pasó, en los éxitos pasados, lo que hace es crear sombra no luz. Poner la luz en el Campeonato Mundial de Fútbol de 1950, vieja gloria del Uruguay, o en el éxito agropecuario de comienzos del siglo XX lo que hace es crear una larga sombra que deja en la oscuridad al presente y al futuro.

El tiempo de la creación es el presente. Algunos economistas dicen que los ricos no son los que tienen las riquezas sino los que han cultivado la capacidad de crearlas.

El futuro cada vez llega más rápido

En los tiempos actuales se agrega un factor más. No solo la prosperidad no está garantizada y las ventajas del éxito no son para siempre, sino que los tiempos han cambiado y el futuro cada vez llega más rápido. El éxito dura mucho menos que antes.

La revolución tecnológica provoca cambios casi permanentes. Se estima que un año web equivale a tres meses. Esto quiere decir que cualquier cosa que creamos en unos pocos meses se vuelve obsoleta.

En informática se le llama versión beta a las versiones de prueba de los productos. Antes de lanzar al mercado las versiones finales, se libera una versión beta que es probada por muchos usuarios, con el fin de detectar errores. La velocidad de innovación tecnológica de los últimos dos años ha provocado que el lapso entre la versión beta y la final sea tan breve, que en muchos sectores de internet, informática y telecomunicaciones, la versión final sea una nueva versión beta.

Veamos otras expresiones de la revolución tecnológica:

- Se realizan más de 3,1 mil millones de búsquedas en Google por mes. ¿Qué pasaría si no existiera Google?

- Se publican más de 3.000 libros por día.

- El *New York Times* publica en una semana más información que toda la información que recibía en su vida una persona en el siglo-XVIII.

- En la sociedad actual se genera por año un volumen de nueva información que equivale a 40 exabytes (4 x 1019), lo que es mayor a lo producido en los 5000 años anteriores.

- Se estima que el conocimiento se está duplicando cada dos años y que en el año 2012 se duplicará cada tres días.

- Estos números se han vuelto a multiplicar entre el momento en que escribí esto y el momento en que usted lo leyó. Seguramente, todos estos datos ya estén obsoletos.

La revolución tecnológica rompió las nociones de la distancia y el tiempo con las que fuimos educados. Las personas hoy pueden estar físicamente lejos, pero muy comunicadas, a tal punto de poder trabajar, mantener una amistad o hacer más tolerable la distancia con la familia y con la pareja. Por ejemplo, la telepresencia está siendo utilizada en muchas empresas del mundo. Se instalan salas exactamente iguales en las oficinas de todo el mundo: igual mesa, alfombra, sillas, color de la pintura y se mantienen reuniones entre oficinas de distintos países como si estuvieran presentes. En una pared se proyecta la imagen de la otra oficina, que aparece como una continuación de la sala en la que uno se encuentra. Los participantes interactúan como si estuvieran todos presentes en el mismo lugar.

La modalidad del teletrabajo, que antes era una idea muy atractiva pero muchas veces impracticable, hoy es una realidad. Muchas personas, más allá de los límites de legislaciones laborales de la era industrial que rigen todavía en la mayoría de nuestros países, establecen acuerdos con sus empresas para trabajar desde su casa o desde una oficina remota. En Estados Unidos son varias las agencias gubernamentales que ya tienen programas de teletrabajo y los trabajadores del Estado pueden realizar sus tareas desde su casa algunos días al mes. Otros teletrabajadores lo hacen de forma independiente y venden sus habilidades a empresas y personas en todo el mundo. Hoy no es necesario vivir en un país para trabajar para empresas de ese país. Las tecnologías de la información y comunicaciones rompieron la noción de distancia.

En el sistema de producción tradicional el trabajo se organiza en jornadas de 8 horas. Hoy gracias a internet, se puede desarrollar, por ejemplo, un nuevo programa de computación en jornadas de 24 horas sin parar y todos los que trabajan lo pueden hacer en un horario de 8 horas, sin tener que realizar horarios nocturnos ni horas extra. Esto es posible contratando programadores en América Latina, Europa y Asia y encadenando el trabajo de uno con el otro. Cuando el latinoamericano inicia su jornada de trabajo, sus colegas de Europa y Asia, estuvieron trabajando cada uno 8 horas, un total de 16 horas. El programa de computación avanzó en un día lo que antes avanzaba en tres días. Las tecnologías de la información rompieron la noción del tiempo.

En el siglo V A.C., Heráclito dijo que "lo único permanente es el cambio". Tenía toda la razón del mundo. Creo que jamás llegó a imaginar que el cambio ocurriera a la velocidad que ocurre hoy. Es cada vez más rápido… si alguien piensa que los cambios han sido muchos, que siga conteniendo la respiración porque no hemos visto nada aún. Los tiempos que vienen serán más turbulentos y más agitados. Esa es la realidad.

Las personas, la cultura organizacional y el éxito

Durante más de veinte años tuve la responsabilidad de dirigir equipos multidisciplinarios, multiculturales e internacionales. Tuve la posibilidad de experimentar de primera mano, de conocer, de observar personas que consistentemente lograban los objetivos propuestos, lograban los resultados deseados, llegaban a metas desafiantes, y otras que no. Ante las mismas realidades, ante los mismos hechos, unas reaccionaban de una manera y otras de forma distinta. Mi función a lo largo de mi carrera ha sido la de gerenciar y liderar equipos. Tuve la oportunidad de trabajar y desvelarme para lograr lo mejor del equipo de personas que me habían sido asignadas o que tuve que seleccionar. En todas mis posiciones en la organización pude observar en algunos individuos ciertos comportamientos que los hacían diferentes y que los convertían en personas que yo definiría como exitosas. A su vez, en muchas ocasiones tuve que prescindir de aquellas que, después de darles todas las oportunidades que se merecían, no mostraban comportamientos o logros que contribuyeran al éxito del equipo.

Lo primero que observé fue que quienes tienen éxito, definen el éxito de una forma especial: para ellos *el éxito no es un destino, es un viaje.* Es un viaje que no tiene fin. Hace unos años le preguntaron al Director Ejecutivo de Disney World: ¿Cuándo comienza la búsqueda de la excelencia y cuándo termina? Él respondió: "Muy fácil: comienza todos los días y no termina nunca".

La definición de éxito así entendida, se expresa en un tipo de comportamiento, que ocurre todos los días, no de vez en cuando. Ellas y ellos creen que las cosas siempre se pueden hacer mejor. Cuánto más saben, más se dan cuenta de todo lo que les falta por aprender. Se sienten incómodos cuando les dicen que son exitosos. Prefieren pensar que son valiosos. Se dan cuenta de que para mantener ese valor hay que cultivarlo y enriquecerlo todos los días. Si no lo hacen, su valor decae y con la caída arrastran también a su éxito.

No hay duda que estamos frente a individuos que se tienen confianza. Que creen en sus capacidades. Pero que nunca cruzan la línea delgada que convierte esa autoconfianza en soberbia.

La diferencia entre ver el éxito como un viaje y no como un destino es fundamental. Quienes lo ven como un destino se creen que "llegaron". Y en ese momento cometen el grave error de pensar que se "las saben todas". Cruzaron esa delgada línea que, en realidad, es una frontera que separa dos mundos bien diferentes. A un lado están los que confían en sí mismos, innovan, crean, aprenden y disfrutan de aprender, desconfían de su éxito, y se sienten bien cuando aportan valor. Al otro lado están los que se piensan que llegaron, se las saben todas, creen que ya aportaron todo lo que tenían que aportar. Son los que dejan de escuchar y por tanto dejan de aprender.

Lo mismo ocurre en las empresas y el efecto también es nefasto. La semilla del fracaso suele estar sembrada en el éxito. Las empresas exitosas confían en sí mismas. Pero cuando cruzan la delgada línea y actúan con soberbia, inician el camino hacia el derrumbe.

En su último libro, *How the mighty fall* (Cómo caen los poderosos), Jim Collins sostiene que la caída de una empresa poderosa es el efecto de una secuencia de actitudes y conductas adoptadas por sus líderes, que nacen de la bonanza y se cultivan en ella. Collins describe la declinación de empresas grandiosas como un recorrido en las actitudes de su liderazgo desde la arrogancia a la rendición. Las empresas que se derrumban, dice Collins, muestran un liderazgo que ha sido primero soberbio y después temerario, mesiánico y derrotista.

La calidad está en la gente

Las empresas que tienen éxito también definen el éxito como un viaje. Pero al fin de cuentas *las empresas se componen de individuos y son ellos los que definen su destino.*

Hace muchos años tuve el honor de presidir la Asociación Uruguaya para la Calidad y la Excelencia (AUECE) y una de las empresas fundadoras, ALCAN, había redactado una frase que lo sintetiza todo: "La calidad no está en las cosas que hace la gente…la calidad está en la gente que hace las cosas".

El producido del trabajo no puede ser mejor que la calidad de la gente con la que se cuenta (aunque los procesos estén automatizados, alguien los automatizó y alguien los monitorea). Los países no pueden ser mejores que su gente. Cuando un país decae es porque su gente decae, cuando un país mejora es cuando su gente mejora. Me refiero a personas que poseen actitudes que favorecen a que las cosas salgan bien y constantemente intentan mejorar y aprender.

La gente de calidad tiene un conjunto de comportamientos que los distingue. Al mismo tiempo esta gente vive en sociedad y trabaja y se desempeña en organizaciones, con otras personas. Hay un paraguas que los cubre y ese paraguas es la cultura. Esa cultura puede favorecer las actitudes que llevan al logro y al éxito o puede desfavorecerlo y llevar al fracaso y a la justificación cuando hay ausencia de resultados.

Cultura organizacional

La "cultura organizacional" es un concepto abstracto, a menudo difícil de asir, pero con una materialidad incontestable. Se trata de una fuerza determinante de lo que los miembros de la organización piensan, sienten, dicen, hacen y producen.

La "cultura" de una organización puede ser definida como la "programación colectiva de las mentes humanas", y se evidencia de manera muy clara en la forma en que la gente habla (sus expresiones verbales) y sus comportamientos (que son causa y consecuencia de sus pensamientos y actitudes).

Los grupos humanos no son iguales, tienen personalidades propias, se distinguen entre sí por una mentalidad y comportamientos compartidosPor una cultura compartida.

La cultura organizacional es una fuerza que determina el éxito o no de la empresa y de cada uno de sus miembros.

Como organización o sociedad nos va mejor o peor por razones culturales, por la programación colectiva de nuestras mentes y corazones. Pero esto se puede cambiar. No es una fatalidad. No es una realidad inmodificable. El factor cultural condiciona la suerte individual y colectiva, pero no es inmune a la influencia causada por lo que pensamos, decimos y hacemos. Las actitudes que impulsan el éxito, modelan lo que decimos y hacemos y, a su vez, éstos dichos y actos crean la realidad cultural que nos condiciona.

Hemos aprendido que las culturas organizacionales pueden cambiarse para que luego estas nos cambien a nosotros. La cultura de una organización puede crearse y recrearse mediante el uso intencional de diversos instrumentos como las historias compartidas, los rituales, los símbolos materiales y el lenguaje.

En la conservación o en el cambio de una cultura la palabra es clave.

La palabra es algo que está presente en todo lugar donde haya personas e influye sobre los estados de ánimos. Es una de las características distintivas de las sociedades humanas. Los hombres y mujeres nos comunicamos mediante las palabras. Pensamos utilizando palabras. Construimos realidades a través de la palabra.

En el lenguaje, en lo que se habla, en lo que se pregunta, en lo que se piensa, en definitiva, en las palabras, se evidencia y se crea la cultura. En las organizaciones, en particular en las empresas, las palabras son absolutamente fundamentales y constituyentes.

En los últimos veinte años, estudios sobre el comportamiento humano en las organizaciones muestran que los *sistemas humanos se mueven en dirección a las preguntas y a los temas que tratan todos los días*. Las palabras que usamos construyen nuestro mundo (*words build worlds*).

Las palabras construyen y refuerzan actitudes y las actitudes tienen una capacidad de contagio formidable, imposible de medir. Vivimos en sistemas de relaciones. Por lo tanto, las actitudes de los otros influyen sobre mí y mis actitudes influyen sobre los demás.

Pocas veces nos damos cuenta del impacto que tenemos en otros (cercanos y no tanto) cuando decimos algo, o cuando actuamos de determinada manera. Detrás de las palabras hay energía. Esa energía puede ser positiva, puede ser de construcción, de creación, de innovación, o puede ser negativa, del "no se puede", de la desmotivación, de buscar justificaciones en causas externas. Nuestras actitudes expresadas verbal y no verbalmente, nuestros dichos y actos, no solo nos definen, sino que contagian a otros. Ayudan a cambiar una cultura compartida o a preservarla. Dirigen la energía en una dirección o en otra. La cultura de una organización es determinante para que su gente logre cosas extraordinarias y sea exitosa y, por lo tanto, también lo sea la organización. Ese pequeño extra, que es la diferencia entre lo ordinario y lo extraordinario, depende de la cultura empresarial.

La cultura puede ser dos cosas muy diferentes: puede ser el corazón que permite que la organización se desarrolle a nuevos niveles o ser la roca que la hunda. Lou Gerstner, ex CEO de IBM, en su libro ¿*Quien dice que los elefantes no pueden bailar?* *El histórico cambio interno de IBM*, explica que muy por debajo de todos los sofisticados procesos, subyace el sentido de los valores e identidad de una empresa. "Me tomó llegar a los 55 años para darme cuenta de eso. Siempre había visto a la cultura organizacional como una de esas cosas de las que se habla, como marketing o publicidad. Eran para mí una de las herramientas que un gerente tiene a su disposición… Lo que aprendí en IBM es que la cultura lo es todo".

La cultura es el saber hacer social de la organización. Existe el saber hacer técnico o competencia medular o *core competence*. Por ejemplo, sabemos hacer muy buenos motores, o sabemos hacer muy buenas computadoras, o sabemos hacer muy buenos electrocardiogramas. Son nuestras "habilidades duras". Pero también existe el saber hacer social, que es la cultura de la organización, esto es, cómo somos y cómo actuamos, más allá de que hagamos motores o computadoras o electrocardiogramas. La manera en cómo creamos los productos y servicios. Son nuestras "habilidades blandas".

La competitividad de la empresa está dada por su capacidad para crear valor superior, una oferta que a los ojos de los clientes es mejor que la de los competidores. Para ello dependemos de las habilidades duras y cada vez más de las blandas. Cuando hay brechas competitivas, por ejemplo, a causa de un rezago tecnológico, se pueden cerrar con una cierta facilidad. Pero cuando las brechas son, por ejemplo, por diferencias en la capacidad de liderazgo y gestión, son mucho más difíciles de cerrar. Como dijera alguna vez Einstein: "Es mas fácil desintegrar un átomo que un prejuicio".

La cultura es una capacidad o habilidad de la organización para usar sus recursos y tecnologías (sus competencias técnicas) para cumplir sus metas, como por ejemplo, expandirse globalmente, replicar negocios, acelerar la conversión de conocimiento en productos o conquistar nuevos mercados.

Por eso hay organizaciones con capacidades técnicas similares pero con resultados muy diferentes. La diferencia es la cultura organizacional. A nivel de países ocurre lo mismo: hay naciones con dotaciones de recursos y capacidades técnicas similares que han mostrado en un mismo período tasas de crecimiento del PBI muy superiores.

La cultura como capacidad organizacional es un factor de éxito, medido este como valor creado para las partes interesadas del colectivo, sea este una empresa o un país. Los atributos de esa cultura pueden determinar que nos vaya mejor o peor.

La buena noticia es que tenemos cierto control sobre ese factor. Podemos modificarlo positivamente, mediante nuestras actitudes, palabras y actos. Podemos sacarnos de encima la "cultura de la pálida" y sustituirla por una "cultura del éxito", porque con nuestras actitudes construimos. Como dice Julio Martínez Itté, "Tenemos las actitudes, tenemos la palabra, tenemos el poder".

El éxito no es a cualquier precio

Cuando se habla de éxito muchas veces se lo asocia a dinero o a posesiones materiales. El dinero puede ser parte del éxito y muy a menudo una consecuencia, pero no es su esencia. Ese es un punto de vista materialista. Cuando menciono éxito en este libro me refiero a un estado especial de felicidad interna relacionado con los logros y la conquista de desafíos, me refiero a la autorrealización, a victorias personales y colectivas.

Estos desafíos son distintos para cada individuo. Lo que para unos puede ser un éxito, para otros, dependiendo de sus deseos e intereses, sus capacidades distintivas, de las oportunidades que tengan o del ambiente en el que se desarrollen, puede no serlo. En definitiva, se trata de metas a lograr. De cimas a conquistar. Y cada persona tiene sus propias cimas. Esas cimas casi siempre son desafíos que, en opinión de otros, resultan imposibles de alcanzar. Los hombres y mujeres que se ponen metas que otros juzgan imposibles, son quienes progresan, se desarrollan a sí mismos y a los que los rodean. En muchos casos hacen descubrimientos, invenciones y, en todos los casos, son quienes mueven el mundo.

La manera de construir el éxito no es trivial. El fin no justifica los medios. No me gusta juzgar a la gente, pero no se trata de ganar a cualquier precio. Para ser exitoso, se debe ganar con la conciencia limpia. Algunos podrán discutir este punto. Dirán que mucha gente no tiene conciencia y que va por la vida disfrutando de fama, dinero y estatus sin que le pese en lo más mínimo. Yo no lo comparto. En el fuero íntimo de cada uno, estoy convencido que existe esa conciencia. Y lo que podamos ver en la superficie, en este caso, no es indicador de lo profundo.

Se trata de lograr éxito genuino, de experimentar la felicidad del logro justo. Se trata de esa sensación interna de la cosa bien hecha. Se trata de la excelencia como valor y del valor de la excelencia. Se trata de la honestidad con todos y, más profundamente, con uno mismo. Se trata del respeto a los demás y con uno mismo. Se trata de emociones sanas. Cuando hablamos de todo esto, hablamos de valores. Y cuanto más "arriba" uno esté, más importantes son los valores. Son claves en la forma de lograr el éxito genuino y son clave para generar buenos líderes. En las organizaciones y en las naciones, los buenos líderes hacen una gran diferencia.

El éxito así concebido siempre debe lograrse sobre la base de valores. El éxito no es ganar dinero ni ser famoso a cualquier precio. El éxito no es "hacer la mía". Una persona exitosa, además de obtener logros para sí, aporta valor a la comunidad.

Cuando se ambiciona el éxito visto como "ganar dinero" o "ser famoso" hay muchas tentaciones y hay muchos riesgos de descarrilarse. Y una de las mayores tentaciones es la de abandonar los valores, con consecuencias nefastas para el individuo y la comunidad.

Hay un cuento de un taxista de Nueva York que me gusta mucho. Resulta que un día un señor llega a Manhattan y toma un taxi desde el aeropuerto al hotel. Cuando entra a su habitación, se da cuenta de que perdió la billetera… Pocos minutos después, el teléfono suena y desde la recepción le avisan que alguien pregunta por él en el *lobby*. No esperaba a nadie pero igual baja y para su sorpresa se encuentra con el conductor del taxi, que se presenta y le muestra la billetera. Le dice: "Me parece que esto es suyo". El hombre no lo puede creer. Abre su billetera, comprueba que está todo allí y alegre y agradecido, intenta sacar un billete para darle una recompensa, a lo cual el taxista lo interrumpe:

"No, señor, por favor, no me dé nada".

Pero saca una libretita y un pequeño lápiz de su bolsillo y le dice:

"¿Le puedo pedir un favor?"

"Sí, claro", dice el hombre.

"¿Me puede decir todo lo que tiene en la billetera?"

El hombre, extrañado, comienza a detallarle lo que hay: dos tarjetas de crédito, 150 dólares…, etc. Mientras tanto, el taxista hace anotaciones en su libretita. El hombre, intrigado, le pregunta:

"Disculpe, ¿qué es lo que está escribiendo?"
El taxista responde: "Simplemente llevo la cuenta de lo que me cuesta ser honesto…".

He contado muchas veces esta historia, porque muestra que ser honesto tiene sus costos y uno de ellos es el dinero. Si uno quiere tener una empresa, un emprendimiento de largo plazo, tiene que saber que surgirán situaciones "tentadoras" como la que le surgió al taxista. Si uno es honesto de verdad, debe dejar de lado esas tentaciones y perder dinero. Hay que estar preparado para esto.

Nunca se deben dejar de lado los valores. En primer lugar, por una cuestión ética. Una persona que gana mucho dinero o logra fama de forma deshonesta, no es exitosa. Es deshonesta. En segundo lugar, por una cuestión práctica. Cuando se dejan de lado los valores, se daña la confianza y se hipoteca el futuro, y todos a la larga nos perjudicamos. Es aquella vieja frase de "pan para hoy, hambre para mañana".

Esto que parece muy obvio, que éticamente es muy elemental, con frecuencia es dejado de lado.

La crisis financiero-económica que se desató últimamente a nivel mundial, más allá de todos los tecnicismos, en lo más esencial es una crisis de valores. Es la consecuencia de buscar el éxito a cualquier precio. Es la segunda vez en esta década que Wall Street nos enseña que cuando juntamos la creación de riqueza a largo plazo y la avaricia, prevalece la avaricia.

La historia del taxista en NY ilustra de forma clara la conducta en los negocios. Los empleados y los ejecutivos en las empresas tienen mucha presión por resultados y se ven enfrentados, "tentados" a llevar adelante transacciones que resolverían seguramente muy bien sus números inmediatos. Allí es donde los líderes en la cima ponen a prueba realmente sus más profundas convicciones. Si llevan adelante esas transacciones, con la visión corta de los resultados inmediatos, quizás logren un alivio temporal, pero hipotecarán algo mucho más valioso: los valores. El mensaje que se da a los empleados es exactamente el opuesto al que se debe dar. Se está dinamitando la credibilidad de una empresa y de sus líderes. A veces este impacto tiene consecuencias irreversibles. En la situación global que vivimos, hemos sido testigos de esta crisis de valores, con consecuencias nefastas para muchas empresas cuyos líderes no estuvieron a la altura de las circunstancias y que impactaron no solo sus empresas, lo que de por sí es muy grave, sino a todo el mundo.

En resumen:

- El éxito que hoy tenemos no es para siempre.

- Las ventajas que hoy tenemos no son para siempre.

- El éxito y las ventajas que hoy tenemos, cada vez duran menos.

- Las empresas se componen de individuos y son ellos los que definen su destino.

- Las palabras construyen mundos. Los sistemas humanos se mueven en dirección a las preguntas y a los temas que tratan todos los días.

- Contagiamos y somos contagiados. Con nuestras palabras y con nuestras acciones colaboramos a crear una cultura del éxito.

- El éxito no es un destino. Nunca se llega. Es un viaje, siempre se está en el camino, siempre se está construyendo.

- El éxito y los valores van de la mano. Nunca se deben dejar de lado los valores para lograr el éxito.

Segunda parte
Actitud positiva - Futuro

El mejor *chart* del mundo

Esa mañana me levanté temprano y llegué a la oficina lleno de coraje. Había citado a una reunión con todos los que trabajaban para mí, unas 40-50 personas. Todos los presentes tenían un muy buen nivel profesional, muchos eran ingenieros, contadores, gente con mucha experiencia, la mayoría con varios años más que yo. Esa reunión se realizó la mañana anterior a la noche en que no dormí.

Hice una breve introducción acerca de nuestros malos resultados del año anterior y expliqué por qué teníamos que crecer en los próximos años. Afirmé que el crecimiento era necesario para que creciéramos nosotros mismos, como profesionales y como personas. Que necesitábamos ocupar mucho más espacio en el mercado. Que crecer era lo único que nos "garantizaba" empleo. Que el solo hecho de tener cada vez más clientes satisfechos era lo que nos daría la posibilidad de tener trabajo.

Expliqué que para mí el crecimiento debía ser muy fuerte. "Vamos a hacer que esta compañía crezca el doble en los próximos cuatro años", dije.

Me pareció que había dado un buen "discurso". Lo sentía muy profundamente y además lo percibí como muy convincente. ¿Quién podía estar en desacuerdo? Al final de cuentas, lo único que quería era lo mejor para todos nosotros.

La respuesta no fue la esperada o, por lo menos, no fue la que yo esperaba. Me dijeron: "¡Eso es imposible!", "No se puede".

Algunos de los presentes se tomaron su tiempo para explicarme por qué "No se puede". Algunos lo hicieron con resignación, algunos con humildad y otros como enseñándome. Yo había vuelto hacía un año de Estados Unidos y algunos me hicieron saber que "había estado mucho tiempo afuera". Me explicaron: "No sabés cómo son las cosas acá. Acá es distinto…".

- "Lo que sucede Enrique es que la economía no crece al ritmo necesario como para que sea posible duplicar la facturación…", dijo uno de los presentes, que era de los de mayor experiencia y prestigio en la reunión. Habló con muy buen tono y trató de explicarme las razones de su afirmación.

- "Lo que pasa es que el IVA está al 21% y entonces es casi 1/5 del precio...", dijo otro.

- "Y además, el ministro de economía no sabe de economía...", dijo un tercero y se escucharon algunas risas.

Transcurrió una hora o más y el lenguaje predominante fue ese. Dejé que hablaran, que se quejaran, que explicaran todos los obstáculos para que fuera imposible duplicar la facturación. Más aún, yo mismo hablé y me quejé un poco.

Reconozco que la mayoría de los argumentos eran ciertos. Coincidía con muchos de ellos. Estaba frente a un conjunto de personas inteligentes, actualizadas, informadas, profesionales que conocían muy bien el mercado y muy bien la tarea que debían realizar. No estaban diciendo tonterías. Mientras continuaba este intercambio, incluso los más tímidos enunciaron algunos obstáculos o apoyaron a los más verborrágicos. La energía en la sala, en contra de mi idea, aumentaba. Había diálogos de a dos, de a tres personas. Alguien alzaba la voz e identificaba un nuevo obstáculo y recibía el apoyo del resto. Se produjo como una catarsis en la que todos señalaban obstáculos, problemas, críticas. Hasta que esta energía fue disipándose y dije: "Bueno, ya está. Vamos a empezar de nuevo".

Y como si fuera un disco de vinilo rayado volví al planteo inicial: "Vamos a hacer crecer la facturación de la compañía al doble en los próximos cuatro años".

Se hizo un enorme silencio. Sentí las miradas de desconcierto. Leí en sus rostros lo que pensaban: "¿Qué le pasa? ¿No escucha bien? ¿No entendió? ¿Se volvió loco?". Escuché un breve murmullo y repetí la frase, esta vez con más firmeza: "Sí. Dije lo que dije. Que vamos a empezar de nuevo: vamos a hacer crecer la facturación de la compañía al doble en los próximos cuatro años". Silencio de piedra. Las miradas se habían transformado y habían pasado del desconcierto a una mezcla de incredulidad, curiosidad… y ¿quizás miedo?

Me acerqué al rotafolio y sintiendo en mi espalda la incomodidad de todo el grupo, en una hoja grande de papel tracé con un marcador una gruesa línea al medio. La hoja quedó dividida en dos grandes columnas.

Le pedí a cada uno de los presentes que volviera a mencionar los obstáculos que habían identificado minutos antes.

La situación era incómoda. "¿Querés que digamos todo otra vez?", preguntó uno de ellos. "Sí", respondí. "Quiero escribir uno por uno los obstáculos mencionados recién. Quiero que me ayuden a hacerlo". Sentí que estaban en desacuerdo con el ejercicio, como que era una pérdida de tiempo. Pero igual lo hicieron. Fui anotando cada uno de los obstáculos en la columna de la izquierda.

Repetimos todo lo que antes habíamos estado diciendo, como que "el IVA es el 21%", "la economía no crece al ritmo necesario", e incluso que "el ministro de economía no sabe economía".

Escribimos también otras cosas. Por ejemplo, un miembro del equipo técnico dijo: "Lo que pasa es que no sabemos MVS". MVS (*Multiple Virtual Storage* o Múltiple Almacén Virtual en español) era un sistema operativo de IBM, que si se instalaba en las máquinas iba a permitir que los clientes automatizaran más cosas y resolvieran más problemas. Si las máquinas crecían, entonces íbamos a poder vender más.

Agotamos todos los "No se puede". Quedaron todos ubicados en la columna izquierda. Pregunté: "¿Queda algo más?" Nadie tenía más nada para decir.

En ese momento dije:

Volvamos al primer punto… "¿quién de los que está acá puede hacer algo para que el IVA bajé del 21% al 7%?".

Nadie respondió. Silencio de tumba. Me di cuenta de que estaba llevando la reunión a un terreno peligroso. No había mucha afinidad conmigo. Pero seguí, porque sentí que era lo que tenía que hacer.

"Si hay alguien acá que puede hacer algo en este tema", insistí, "por favor, que salga ya mismo de esta sala y haga lo que tenga que hacer. Queda liberado. Puede irse de esta reunión".

Nadie contestó.

Le pasé una raya y lo taché.

"¿Quién de los que está acá puede lograr que la economía crezca al 7% anual?", pregunté.

No me miraron con buena cara. El ambiente cada vez se volvía más tenso. El aire que respirábamos era tan denso que podía cortarse con un cuchillo.

Seguí. Era el punto del ministro de economía.

"¿Quién de los que está acá puede enseñarle economía al ministro de economía?", pregunté.

Percibí que muchos se movían incómodos. Algunos movieron la cabeza de forma desaprobatoria.

Las preguntas son muy importantes, diría que son claves. Porque definen las acciones. Según cómo se plantean pueden ser herramientas para visualizar oportunidades, y también para esconderlas.

Las preguntas son capaces de desmoronar argumentos inmensos. El simple hecho de preguntar "¿Quiénes de los que están acá puede enseñarle economía al ministro de economía?", resultó chocante porque revelaba la inconsistencia de plantear la *supuesta* ignorancia del ministro como un tema al que *un equipo de una empresa*, como IBM o cualquier otra, debía dedicarle tiempo. Suavicé un poco la pregunta con un leve giro: "¿Quién de los que están acá puede hacer algo para que el ministro cambie o quién puede cambiar esto de alguna manera?".

No hubo respuesta.

Y así seguí preguntando "¿Quiénes de los que están acá puede...?" y seguí tachando prácticamente todos los temas que estaban en la lista. Los taché porque nosotros no podíamos hacer nada. Estaban fuera de nuestro control.

Cuando llegué al punto "No sabemos MVS" pregunté: "¿Podemos hacer algo para cambiar esta situación? ¿Podemos aprender MVS?".

Aquí sí hubo respuestas. La primera fue un poco desganada: "Sí, podríamos", dijo uno de los ingenieros con más experiencia. Explicó que era un tema complejo, que los cursos solo se daban en Canadá y que requerían la dedicación de por lo menos dos personas y agregó varios temas técnicos aparentemente muy complicados.

Entonces, en lugar de tachar este punto, lo pasé a la otra columna, a la de la derecha.

"Vamos a aprender MVS", dije. "Lo van a aprender nuestros dos mejores ingenieros, que son vos y vos...", me dirigí a ellos, que se encontraban presentes en la reunión. "Yo me voy a hacer cargo de conseguir el dinero para que ustedes hagan el curso. Van a ir a Canadá, se van a quedar dos semanas y media, noche y día y van a hacer todos los cursos. Y cuando vuelvan, van a seguir estudiando, van a tener los manuales arriba de la mesa de luz...", dije, bromeando. "Yo voy a poner todos los recursos necesarios para que ustedes dos sean los mejores ingenieros del mundo en MVS".

Luego dije: "Esto, a diferencia de todo lo anterior, está en nuestras manos. Podemos hacer algo". Sentí que por primera vez lograba que nos enfocáramos en aquellas cosas a las que nos podíamos dedicar y lograr por medio de nuestras acciones resultados diferentes. Estaban en nuestro "radio de acción" y no eran cosas para quejarse sino cosas que podíamos hacer y oportunidades para aprovechar.

Seguimos con la lista y encontramos muchas cosas sobre las que no teníamos control, pero algunas otras que sí podíamos cambiar o al menos mejorar. El proceso de hacer esa lista nos ayudó a todos a identificar una cantidad de acciones a las que no le estábamos dedicando energía física ni intelectual.

Cuando terminamos, teníamos unas enormes hojas de rotafolio, con dos columnas. A la izquierda estaban todos los problemas detectados. A la derecha estaban solo aquellos que nosotros podíamos controlar, cambiar o resolver.[1]

En ese momento me encontraba parado al costado de la hoja de rotafolio, con sus dos columnas. A la izquierda teníamos decenas de problemas, todos tachados. A la derecha solo aquellos que estaban bajo nuestro control. En ese momento, dije:

"Permiso".

Tomé la hoja y la corté a la mitad, por la línea que dividía a las dos columnas. Con el pedazo de papel de la izquierda hice una bola.

Pude ver los ojos de pánico, asombro e incredulidad de los que estaban en la reunión.

Tiré la bola a la papelera.

Se produjo otro tenso silencio.

Señalé la papelera y todas las cabezas giraron y también miraron hacía ahí. Dije: "De estos problemas, como ninguno de los que está acá puede hacer algo para solucionarlos, yo no voy a hablar ni a escuchar a nadie más hablar de estos temas. No me busquen a mí para hablar de eso".

Todos esos problemas, a los que tanta importancia le habíamos dado, a los que yo

---

1   En mi opinión, este es el mejor chart de management del mundo. Una de sus grandes virtudes es su capacidad de hacer desaparecer de un modo muy fácil y rápido los temas negativos de una empresa. Bueno, en realidad no es tan así, porque los temas negativos no desaparecen tan fácilmente y hay que tener una firme voluntad para no permitir que vuelvan una y otra vez. Pero es un gran comienzo.

también había dedicado un tiempo enorme durante todo el año anterior y solo me llevaron a obtener pésimos resultados, ahora estaban en un papel arrugado en una papelera.

Extendí el papel de la columna de la derecha. "A partir de hoy, este es nuestro plan de trabajo", dije.

Ese es el gran poder de este *chart*. Permite separar, de forma simple y rápida, cuáles son los temas que merecen ir a la papelera de aquellos que son potenciales proyectos de innovación y crecimiento. Desde aquel entonces a la columna de la derecha la titulo con la letra "R", que significa "Problemas Resolubles". A la de la izquierda, la titulo con la letra "M", que significa "Problemas Manejables". Son dos tipos de problemas muy diferentes.

Si uno observa y escucha con atención a ejecutivos exitosos, en realidad para ellos solo hay dos tipos de problemas. Sí, nada más que dos: los R y los M. La dedicación de tiempo y energía a los M no deja tiempo ni energía a los R. Es por eso que la gente dedica tan poco tiempo a ocuparse de lo que tiene que ocuparse. Dedican una gran parte de su tiempo a hablar de los temas que no pueden "arreglar". La dedicación a los M no solo quita el tiempo para los R. No es solo un tema de tiempo, sino algo más importante: es un tema de energía. Hablar mucho de pálidas deprime, destruye, genera desazón y por ende consume la energía vital necesaria para ocuparse de los R.

Siempre que me invitan a hablar sobre actitudes y éxito, le recomiendo a la audiencia hacer el ejercicio de este *chart* para su uso personal. Es absolutamente elemental y, a la vez, brutalmente poderoso. Confieso que me encantan las cosas sencillas que destruyen la opacidad con la que muchos pseudo-intelectuales o adoradores de la "inteligencia pura" tratan permanentemente de complicar las cosas. En mi larga experiencia como ejecutivo y ahora, en los años que llevo de consultor, me he encontrado con "mentes brillantes" que hilvanaban de una forma muy articulada series de razonamientos o pensamientos cuasi filosóficos que lo único que lograban era complicar situaciones buscando todas las posibles alternativas, pero sin llegar a ninguna acción. Los mejores ejecutivos que conocí logran explicar con sencillez cosas que son o aparentan ser complejas. Los buenos líderes proveen claridad a sus seguidores, simplifican, utilizan términos que todos pueden entender y muestran el camino a seguir.

Los americanos tienen una expresión que ilustra este concepto. Dicen: *K.I.S.S. (keep it simple, stupid)*. Dilo/hazlo/mantenlo de manera simple, estúpido.

Por otro lado, los buenos líderes, además de concentrarse en las cosas que están en su "radio de acción" y de no perder tiempo y energía con los problemas "M", tienen una mentalidad de desarrollo de oportunidades. Hablan todo el tiempo posible sobre ellas. Invitan a otros a hacerlo. Se entusiasman con todas las posibilidades y contagian esa energía vital. Peter Drucker decía que los ejecutivos exitosos eran aquellos que ponían la máxima energía en el desarrollo de oportunidades.

El uso positivo de la energía

Hay personas con más o menos energía, pero lo cierto es que todos tenemos energía limitada.

Por eso hay que tener mucho cuidado al usar nuestra energía. Es un tema aritmético. Si por ejemplo destino un ergio o un joule (son unidades de medida de energía) a hablar de temas sobre los que nada puedo hacer, como por ejemplo: "lo que pasa es que el IVA está al 21 % y entonces es casi 1/5 del precio" o "Lo que pasa es que el ministro de economía no sabe de economía", entonces tengo un ergio menos para aplicar a otras cosas. Lo perdí. Si dedico, por ejemplo, el 80 % de mi energía a temas sobre los que no tengo control, me queda solo un 20 % para todo lo demás. Si tan solo dejase de hablar de esos temas, dispondría de ese 80 % de energía libre para destinarla a tareas productivas.

No se trata solo de un tema de tiempo. Es fundamentalmente un tema de energía. No hay proporcionalidad entre tiempo y energía. Una mala noticia puede darse en un segundo pero destruir muchísima energía, deprimiéndonos, agotándonos.

De lo que hablan las personas es de lo que se ocupan. Cuando se conversa sobre pálidas, además de que se destina tiempo a lo que no se puede arreglar, lo se que hace es destruir energía y eso es mucho más grave aún. Lo peor es que no somos conscientes de lo que estamos haciendo. La destrucción de energía hace que nos sintamos mal, deprimidos y que ingresemos en la espiral regresiva del Diálogo del Déficit, como le llaman los expertos de Desarrollo Organizacional de la CASE Western University (Cleveland, Ohio, EE.UU).

Estamos bombardeados por las pálidas. Nos levantamos por la mañana, escuchamos en la radio a un diputado, a un funcionario de gobierno o a un dirigente gremial y todos mencionan problemas o reclaman o se quejan. Nosotros "entramos", sin darnos cuenta, pero entramos. Comentamos el hecho, nos damos "manija" y contagiamos a todos a nuestro alrededor. Nos "involucramos" sin realmente hacerlo. Lo que hacemos en realidad es pre-ocuparnos y, eventualmente, pre-ocupar a otros.

Pero realmente ¿puedo hacer algo? Si soy sincero conmigo mismo, la mayoría de las veces no puedo hacer nada. Lo que he podido observar en las personas exitosas es que no dedican su tiempo a lamentarse por el clima, el viento, la lluvia, los políticos, los sindicatos o el ministro de turno. Utilizan su tiempo y su energía para empujar proyectos, se enfocan en aquello en lo que tienen responsabilidad directa, en aquello en lo que su dedicación produce resultados. Estos individuos por supuesto que están informados y de alguna manera se sienten afectados por las situaciones generales, pero se "conectan en serio" con los problemas que están en su radio de acción... y actúan. Si genuinamente los afecta un tema en el que pueden incidir, actúan para cambiarlo o mejorarlo. Administran su energía, porque saben que es lo más valioso que tienen. Como decía Ortega y Gasset: "a las cosas gente, a las cosas". Decía que hay que dejar atrás cuestiones previas personales, suspicacias, narcisismos y "a abrirse el pecho a las cosas", para ocuparse de estas "directamente y sin más, en vez de vivir a la defensiva".

Es aquello de pre-ocupado y ocupado. La gente está "pre" ocupada y deprimida por todo y no tiene tiempo para ocuparse de nada. Churchill decía "Pasé más la mitad de mi vida preocupándome por cosas que jamás iban a ocurrir".

Dos tipos de problemas

He observado en las personas que tienen éxito que para ellos solo hay dos tipos de problemas y nada más que dos: los que se pueden resolver y los que se deben manejar. Los R y los M del *chart* que antes mencioné.

Las personas más efectivas y, por lo tanto, con más capacidad de logro, en mi experiencia, son aquellas que usan toda su energía en las cuestiones que ellos perciben que pueden resolver. No quiere decir que se dedican a las cosas simples o fáciles. Por lo general, aquellas personas que son capaces de minimizar la pérdida de energía que generan las pálidas, se embarcan en tareas y proyectos que otros piensan que son imposibles. Son quienes se ponen metas que otros piensan que no se pueden lograr o que son una locura.

Las grandes obras requieren de una energía excepcional, tanto para concebirlas como para llevarlas a cabo. Y solo aquellos que pueden poner su foco en esas R son los que pueden emprenderlas. Me encanta la frase: "los que dicen que no se puede hacer son generalmente interrumpidos por alguien, ¡haciéndolo!". Los que se proponen cosas que otros consideran imposibles, son los que han inventado algo que nadie nunca imaginó, son los que mueven al mundo.

Un mundo feliz

En la base de la queja está la idea de que los problemas pueden desaparecer. La realidad nos muestra que no es así, que en la vida siempre hay problemas. Si se piensa que ser feliz es no tener problemas, nunca se va a ser feliz.

Siempre bromeo con que la perfección existe, pero solo en un lugar: en Disney World. Quien quiera vivir en un mundo perfecto que compre un pasaje a la ciudad de Orlando y allí lo encontrará. En Disney World todo funciona bien, todo es perfecto. Pero solo ahí. En cualquier otro lugar siempre va a haber problemas. Por supuesto que Disney World es una perfección hacia fuera, en aquello que experimenta el cliente. Hacia dentro -detrás del escenariotienen los mismos problemas que cualquier otra empresa en el mundo.

Ser feliz es saber diferenciar entre los dos tipos de problemas y actuar de manera diferente según cada caso. Reitero: con los problemas que no se pueden resolver, hay que saber convivir y no dedicarles energía. Y con los que sí se pueden resolver, hay que dedicarles toda nuestra energía.

La clave de aquella reunión tan difícil con mi equipo de IBM fue cerrar el drenaje de energía que estaba debilitando a la organización. Al cerrar la perforación, comenzamos a conservar la energía y luego la reencauzamos hacia conversaciones positivas y hacia proyectos innovadores y de crecimiento.

Cómo son los pálidos

Constantemente en la vida nos topamos con personas a las que nada les viene bien y a las que les encanta, disfrutan, encontrando obstáculos para toda solución y poniendo el palo en la rueda. Son muy fáciles de detectar: luego de estar un rato con ellos quedamos como vacíos, cansados, desvastados. Agotados. En toda familia hay un tío o una tía, primo, abuelo, etcétera, que tiene esa capacidad de crear "mala onda" y contagiar a los demás. Si logran predominar "pudren" las reuniones y todos salimos aturdidos, molestos y contrariados.

Esas personas también existen en las organizaciones. Yo les llamo los "pálidos". Cuando logran contagiar sus estados de ánimo a los demás, las organizaciones se tornan sombrías, cansadas y pesimistas.

Es mucho más fácil contagiar lo negativo, contagiar las pálidas. Es más fácil mantenerse por fuera y destruir que involucrarse y construir. Destruir algo se puede lograr en pocos segundos. Construir toma mucho más tiempo.

Wilmer Guecaimburu, de larga y exitosa trayectoria en IBM dice que la peor categoría de pálidos es la de los pálidos esféricos o "negaesféricos" (negativos esféricos). Son aquellos que no importa por dónde uno los mire, son como la bola blanca del billar. Son pálidos, son negativos, por el lugar que se los mire. Son los que ven todo mal. Todo es déficit. Siempre hay algo que está mal.

Los positivos en general hacen lo contrario. Ante cada problema buscan una solución; de cada error, intentan aprender. Y cuando se encuentran con un pálido, lo que hacen es intentar convencerlo de lo bueno que hay detrás de las cosas, de las soluciones que se pueden aplicar para mejorar lo que está mal. Tratan de levantarles el ánimo, de motivarlos. La dinámica es devastadora. El pálido pone todo su ingenio y su inteligencia en buscar una y otra vez objeciones y crear nuevos problemas que tiran abajo las soluciones e ideas que el positivo plantea. Al final del encuentro, el pálido sale igual y el positivo agotado, con sus energías consumidas.

Hace muchos años participé de un curso sobre comportamiento humano en el cual nos regalaron una tarjetita, con 3 o 4 frases clave. La que más recuerdo es la que decía: *Avoid negative people* (evite a la gente negativa). Las personas positivas deben evitar a las personas negativas. A los pálidos esféricos hay que evitarlos. Es altamente probable que lo único que obtengamos sean encuentros donde gran parte de nuestra energía resulte absorbida por esas personas. En ellos no tiene ningún efecto, pero en nosotros tiene un impacto enorme.

Todos tenemos familiares, compañeros de trabajo, que son así, y que no siempre podemos evitarlos. Pero igual vale. Cada vez que tengamos que encontrarnos con ellos, que debamos enfrentarnos a esos encuentros "negativos", recordemos que debemos cuidar nuestra energía y usarla en aquello que realmente vale, en solucionar problemas, en innovar, en crear. Intentar motivar a un pálido es una tarea agotadora e inútil.

Yo no sé inglés

Cuando terminó aquella reunión con mi equipo una de las cosas que más me impresionó fue confirmar el alto nivel de negativismo que se había instalado en la organización. Retumbaban en mi cabeza las frases negativas. Escuchaba: "No se puede...", "Lo que pasa es que...", y otras variantes de lo mismo: buscar excusas, buscar explicaciones, para dejar todo igual.

Esa noche llegué a mi casa, cené y me encerré en mi escritorio. En las horas siguientes pasé por diversos estados de ánimo: entusiasmo, rabia, alegría, frustración, fervor, tristeza. Sobre la medianoche mi cabeza era un hervidero, pero con el pasar de las horas y luego de tocar varias canciones con mi guitarra fui encontrando la calma y la claridad. Una llevó a otra y de pronto empecé a tocar y cantar una canción cuya única letra era "No more palids" y así estuve largo rato. Tenía claro que con la reunión anterior no había sido suficiente. El ejercicio hecho con el *chart* había servido, pero debía hacer algo más.

Amaneció, me di una larga ducha, me vestí y a las seis de la mañana estaba en mi oficina en IBM. En una hoja A4, en letras grandes, escribí con un grueso marcador "No more palids". Tomé una resma de papel y saqué cien fotocopias. Luego puse una copia encima de cada escritorio. El original lo pegué en mi oficina, en la pared ubicada a mi espalda.

A medida que cada uno iba llegando, veían el cartel sobre su escritorio, venían a mi oficina y me preguntaban:

"¿Qué es esto Enrique?" Y yo les respondía:

"Lo que conversamos ayer. No voy a hablar más de temas que no tienen solución.

Eso es lo que quiere decir 'No more palids'".

Les expliqué a cada uno de los que vino a hablarme que, de ahora en más, cada vez que vinieran a hablarme de esos temas, lo que yo iba a hacer era señalar el cartel y no iba hablar.

Y lo hice. Al principio fue muy difícil. La gente venía y me contaba una pálida y yo señalaba la pared y me quedaba mudo. "Pero, pará Enrique", me decían. "Es que...", y yo señalaba el cartel y hacía mi máximo esfuerzo por devolver un gesto amistoso. Pero no hablaba. Fue durísimo.

Siempre cuento la anécdota de que un día vino a mi oficina el más pálido de todos los pálidos, un verdadero y auténtico pálido esférico. Me tiró encima una pálida tremenda. Él hablaba y yo le señalaba el cartel en la pared. Al final, frustrado, molesto, me dijo:

"No sé qué dice ahí. Yo no sé inglés".

Sin duda que buscaba provocarme, pero contuve mi enojo. Logré que mi pensamiento se impusiera sobre la emoción y recordé el *chart* y me pregunté ¿esto es un R o un M? Era claro que no iba a enseñarle inglés. ¿Era entonces un M? Podía ser. Pero se me ocurrió algo mejor, que podía ser un R. Entonces le dije:

"Sabés una cosa. Tenés razón. Vení".

Fuimos hasta la fotocopiadora y escribí en una hoja "No más pálidas" y puse en la máquina 100 copias y le dije: "Quedate conmigo".

Esperé a que se hicieran las cien copias con él parado a mi lado. Hacer cien fotocopias no toma mucho tiempo, pero hacer aquellas, en ese ambiente de tensión, duró muchísimo. La máquina de forma monótona seguía imprimiendo las fotocopias, mientras los dos estábamos parados, uno al lado del otro, esperando. Recuerdo como si fuera hoy lo interminable de ese momento. Los dos allí en silencio, sin mirarnos las caras. Llegué a pensar que teníamos la fotocopiadora más lenta del mundo.

Cuando terminó dije: "Tomá. Vos repartí la mitad, que yo reparto la otra mitad".

Con el original me quedé yo y lo pegué en mi oficina junto al otro original, el que decía "No more palids".

Lo que he observado en los positivos

En todos estos años he podido comprobar que los individuos que tienen éxito muestran una actitud positiva y la muestran siempre, en todo lo que hacen. Su forma de hablar, sus gestos, su forma de relacionarse, su forma de trabajar es muy diferente a la de los "negativos".

Lo primero que hay que distinguir es que ser positivo no es lo mismo que ser optimista. El optimista es aquel que espera que el futuro sea mejor. Ante las diferentes situaciones que plantea la vida piensan que va a ocurrir algo bueno y no algo malo. En lo esencial los optimistas esperan que las cosas ocurran, pero no se involucran en ellas. El positivo por supuesto que espera que el futuro sea mejor pero va más allá. Construye el futuro, se atreve a soñar, y además actúa. Se convierte en protagonista. El positivo hace cosas que permiten construir un futuro mejor, que permiten que sus sueños se hagan realidad.

La imagen que una persona tiene del futuro es clave, porque determina las acciones que realizará en el presente. Por ejemplo, un estudiante que está cursando una carrera universitaria está realizando un esfuerzo en el presente (estudiar) impulsado por su visión del futuro: recibirse y ejercer un oficio o una profesión deseada.

Los positivos tienen un lenguaje positivo

El lenguaje, tanto verbal como gestual y corporal, es una expresión inequívoca y constituyente de la actitud. El diálogo de los positivos es constructivo. Casi siempre están hablando de las oportunidades, pocas veces hablan de los problemas, y no se quejan. Desde hace veinte años, en la CASE Western Reserve University, David Cooperrider y su equipo, entre ellos Ron Fry, que ha visitado varias veces Uruguay y ha trabajado con nosotros, vienen estudiando el impacto que tiene el lenguaje en el desarrollo de las personas y las organizaciones. Esta corriente académica y de práctica, llamada "Indagación apreciativa" afirma que las organizaciones se mueven en dirección a las preguntas que se hacen. Formular preguntas "positivas" o "apreciativas" es el camino para que las organizaciones recuperen sus fortalezas -su corazón positivoy a partir de su magnificación crezcan y se conviertan de "meramente buenas" en "grandiosas".

Los positivos viven en el presente y en el futuro

Los positivos tienen y viven algunas máximas que aunque puedan parecer de Perogrullo son muy profundas y los lleva a actuar con mucha determinación. Dicen: "el único lugar donde vamos a vivir el resto de nuestras vidas es en el futuro"; "lo único que se puede cambiar es el futuro" y "el único que puede cambiarlo, soy yo". Están convencidos de que pueden cambiarlo y por eso toman acción en el presente. Como dijo Woody Allen una vez: "Lo único que me interesa es el futuro porque allí es donde voy a pasar el resto de mi vida".

Todas las personas siempre están construyendo su futuro. Si lo imaginan como algo feo, malo, triste, con enfermedades, construyen un futuro feo, malo, triste y se enferman. Si en cambio, lo imaginan brillante y alegre entonces construyen un mundo mejor.

Los positivos saben que la visión del futuro determina las acciones del presente. Tienen el pensamiento puesto en el futuro y la acción en el presente. Siempre están pensando en un futuro mejor.

Las cosas ocurren dos veces

Varios pensadores contemporáneos, entre ellos Stephen R. Covey (autor de *Los siete hábitos de la gente altamente efectiva*), afirman que las cosas primero ocurren en la mente. Se piensan. Y luego, ocurren en la realidad. Es prácticamente imposible que las cosas se conviertan en reales si primero no pasaron por la mente. Pongamos el ejemplo de un arquitecto. Cuando pasa frente a un terreno baldío, imagina el edificio y luego lo construye. El común de los seres humanos pasamos frente a un baldío y vemos un pozo, suciedad y decimos que hay que limpiarlo o taparlo. Vemos todo lo que está mal. Todo lo que falta.

El arquitecto piensa: "Qué bueno, qué oportunidad". Se imagina la casa, el edificio, la catedral. Construye primero una imagen del futuro. Luego va a su taller y dibuja su idea, y con ese dibujo vuelve al presente y desde ahí proyecta nuevamente el futuro con una imagen maravillosa. Luego se presenta ante un inversor y le dice: "¿Por qué no compra este terreno? Mire lo que podemos hacer". Y en base al dibujo, en base a una imagen positiva del futuro, el inversor toma acción en el presente: compra.

Por eso la frase "ser arquitecto de su propio destino" implica tener primero una imagen anticipatoria del futuro deseado, una imagen positiva, de posibilidades y, en consecuencia, actuar en el presente para hacerla realidad.

Otro ejemplo extraordinario es el de Miguel Ángel. Cuentan que cuando explicó cómo había esculpido el David dijo que primero había visto la figura perfecta en la piedra amorfa de mármol y luego simplemente había quitado los pedazos que impedían su aparición.

Los positivos son empáticos

Hay una competencia emocional vinculada a las personas positivas que es la empatía. Empatía significa saber leer a las personas, los grupos y las culturas organizacionales. Los positivos saben ponerse en el lugar de los otros. En sus prioridades claramente está escuchar y entender al otro, antes que opinar y dar consejos. Inspiran con su pasión (inspirar significa "dar vida") y su compromiso y con un interés profundo en las personas y en la organización.

Los positivos inyectan esperanza

Los positivos inyectan en la organización algo muy importante, que es la esperanza. La esperanza es una fuerza de atracción muy potente y un antídoto para la pálida y para la depresión. Cuando uno tiene la pasión y la habilidad de mostrar a los demás que tiene la voluntad de crear su propio destino por encima de todo lo que está en su contra, entonces crea esperanza. Habilitan el cambio positivo, que es el cambio movido por la esperanza de un mejor futuro.

Un gran ejemplo para mí fue mi madre. Siempre estaba de buen ánimo, llena de energía, entusiasmada y tomando acción, siempre inyectando esperanza a los demás. Cuando era adolescente y estaba tirado en la cama con alguno de esos típicos dramas juveniles, mi madre, después de escucharme con calma y de darme algún consejo, terminaba -con una convicción que me contagiaba- pintando una imagen futura en mi mente donde ese drama se transformaba en una simple anécdota. Y terminaba su historia con un enérgico: "¡Vamos arriba! A moverse". Siempre lograba que yo recuperara el ánimo y me pusiera en movimiento de nuevo.

Uno de los obsequios que más alegría me dio recibir fue el que me hizo el equipo de IBM Uruguay, reunido en la sala principal de la empresa, cuando ganamos el Premio Nacional de Calidad en 1994. Era una jeringa. Si, una ¡jeringa! ...y eso tiene su historia.

Era frecuente que muchos de quienes trabajaban conmigo en esa época, cuando los encontraba reunidos, discutiendo algo que yo suponía que estaba relacionado con una pálida, dijeran: "¡¡¡Cuidado! viene Enrique!!! ¡nos va a dar una dosis!". Ese equipo de trabajo era formidable. Para mí fue el mejor equipo con el que trabajé en toda mi carrera ejecutiva. Las primeras veces fueron discusiones serias. Yo no era una persona fácil. Siempre fui muy exigente (algunos piensan que demasiado y yo, a esta altura del partido, reconozco que tienen razón) y no toleraba que mi gente perdiera el tiempo en discusiones que no llevaban a ninguna parte, que no eran más que quejas sobre las cosas que estaban fuera de su control. Esto ocurrió muchas veces y las conversaciones fueron muy duras. Pero después de pasado cierto tiempo y cuando prácticamente toda la organización tenía el mismo léxico, la misma pasión, la misma energía y ese equipo se había transformado en un equipo imbatible, cuando sucedía algo de esto y yo aparecía en escena, seguían diciendo: "¡Ojo! ¡¡¡Viene Enrique con su dosis!!!" ...y nos reíamos un poco. Alguno seguía la broma y se remangaba, como para que yo le diera una inyección. Intercambiábamos alguna idea e inmediatamente ellos retomaban con energía positiva la discusión. El tema de "la dosis de Enrique" siguió y empezó a ocurrir algo diferente. Cuando alguno había tenido un día pésimo, me decía: "Enrique, necesito una de tus dosis". Eso sucedió muchas veces en un equipo que era de altísimo desempeño. La jeringa simboliza esa inyección de energía que ellos decían que yo les daba. Y, para mí, fue un regalo inolvidable. Algo que me llenó de felicidad y de emoción. Hoy, la jeringa, en ciertos ambientes, tiene una connotación muy negativa. Pero aquella jeringa quería simbolizar algo muy lindo y muy sano. Lo que ellos no sabían era que para mí, verlos desempeñarse del modo que lo hacían, a un nivel extraordinario, me generaba un enorme placer: el placer de formar parte de un equipo que se devoraba la cancha. Es un sentimiento tan especial, que muy pocas veces tuve la oportunidad de sentir en mi carrera. Eran personas muy especiales, que más de una vez, más de uno de ellos, me ayudaron a mí a salir de un día pésimo. Me dieron su palabra de aliento y su dosis de energía.

Los positivos crean valor económico

Ser positivo crea valor económico. Son los positivos los que, mirando hacia el futuro, pensando en posibilidades, identificando las oportunidades, deciden invertir o contagian a otros para que inviertan. El nivel de inversión de un país es uno de los indicadores de la medida en que esta actitud está presente en la comunidad. En un país contaminado por las pálidas hay un bajo nivel de inversión, porque el pensamiento que predomina es que todo va a salir mal.

Los positivos distinguen entre dos tipos de problemas

Como decíamos antes, los positivos distinguen entre dos tipos de problemas: los que tienen solución y los que no tienen solución. Concentran sus energías en lo que sí tiene solución, en hablar y construir el futuro y en impulsar proyectos. Evitan perder su energía en lo que no tiene solución, en hablar del pasado y en quejarse de lo que no salió bien.

El lenguaje positivo

Hace algunos años tuve el enorme privilegio de conocer a los académicos que originaron lo que se conoce como "Indagación Apreciativa" (IA). IA es el estudio y la práctica del cambio organizacional positivo o cambio basado en fortalezas, que como mencioné anteriormente comenzó a desarrollarse en la CASE Western University y hoy se aplica en todo el mundo.

Descubrir IA me permitió confirmar ciertas leyes que gobiernan la transformación de sistemas humanos que de un modo intuitivo apliqué en aquellos años en que lideré el cambio de mentalidad dentro de IBM Uruguay. Actualmente, en mi actividad como socio en X^n, Indagación Apreciativa es un pilar fundamental de nuestro trabajo cuando ayudamos a organizaciones a llevar a cabo transformaciones.

En la práctica, Indagación Apreciativa comienza con una observación clave: cuáles son las preguntas que se hace la organización. Para los practicantes de IA las preguntas que nos hacemos determinan si eventualmente aumenta o disminuye nuestra capacidad para crecer y desarrollarnos. Son fundamentales las preguntas *que* nos hacemos, pero también *cómo* nos las hacemos. La manera en que formulamos una pregunta es decisiva. Como señalan Frank Barret y Ron Fry "el hacer preguntas ya comienza a transformar y a cambiar la capacidad del sistema humano que procuramos entender".

Es fundamental saber qué y cómo preguntar, pero también qué hacer con las respuestas recibidas. Las mejores organizaciones escuchan las respuestas y actúan incluso si esto implica la necesidad de cambios, sean simples o complejos, superficiales o radicales.

La metodología de Indagación Apreciativa utiliza las preguntas con un enfoque positivo. Las preguntas deben ser incondicionalmente positivas, esto es, utilizadas para aprender y para desarrollar capacidades en base a lo mejor de una organización y de forma cooperativa y en equipo.

Hay dos aproximaciones diferentes para lograr la mejora individual o colectiva. Una primera, la más tradicional, consiste en buscar lo que está mal y procurar corregirlo. Se buscan los errores y luego se trabaja sobre ellos para mejorar la *performance*. Este enfoque está orientado al déficit, a poner las energías en lo que falta, a "volverse normal", eliminar la desviación negativa del estándar. Se concentra en corregir el mal desempeño, sanándolo. Se parte de la base de que la organización está enferma y que el gerente o el consultor es un doctor cuyo propósito es generar una prescripción médica que "cure" a la organización.

La segunda aproximación, la que propone IA, consiste en trabajar sobre lo que hemos hecho mejor, descubrir las fortalezas que explican nuestros picos de efectividad y potenciarlas. Es un enfoque positivo, apreciativo, que lleva a un incremento de la capacidad y a la innovación. Se aborda la construcción de capacidades desde una perspectiva centrada en fortalezas. Las técnicas de IA se concentran en generar las dinámicas que transformarán las organizaciones de "promedio" en "excepcionales". Se asume que un mínimo de desempeño excepcional ya existe dentro de la organización y lo que hay que hacer es llevarlo a toda la organización y potenciarlo.

Eso no quiere decir que se ignore lo que está mal. Es claro que la técnica de resolución de problemas es necesaria. Pero como dijera Peter Drucker: "Los líderes efectivos se concentran en las oportunidades en vez de en los problemas. De los problemas hay que ocuparse, por supuesto (...), pero la resolución de problemas no produce resultados. Evita pérdidas o un daño mayor. Solo la explotación de oportunidades produce resultados." (HBR, junio de 2004).

La diferencia entre el lenguaje positivo y el negativo

En las organizaciones y en las comunidades, y por supuesto en los países, todos los días hay diálogos acerca de todos los temas. Si uno mide la cantidad de diálogo positivo, de construcción, versus la cantidad de diálogo deficitario, puede tener una idea de la cultura organizacional y del destino de esa organización. Los académicos de CASE realizaron investigaciones sobre el impacto de la naturaleza del diálogo interno en la efectividad de los equipos y encontraron que aquellos equipos de trabajo en los que la relación entre el diálogo sobre posibilidades y el diálogo sobre problemas es de 2 a 1, muestran un desempeño superior al de equipos en los que la relación es al revés.

Hay otras experiencias que agregan evidencia similar. Una de las que más me impresionó fue realizada en la Marina de EEUU. En la Marina existe un departamento médico y una farmacia, como en muchas otras entidades de este tipo. Cuando un paciente se atiende, en la última etapa del proceso concurre a la farmacia y solicita el medicamento que le fue recetado. Una persona en la ventanilla de la farmacia lo va a buscar y se lo entrega. El protocolo indicaba que se le debía decir al paciente: "Llámeme dentro de 30 días a ver cómo se siente.". Y llevaban una estadística del efecto del medicamento. Aplicando los conceptos de IA, cambiaron esta última frase y ahora le dicen al paciente:"Llámeme dentro de 30 días para decirme cuánto mejor se siente". Los números son asombrosos. Las estadísticas más recientes muestran una mejoría en el efecto de los medicamentos.

Lo que sorprende de este ejemplo es que, con una pequeña modificación en el lenguaje, se puede lograr un enorme impacto positivo en las personas. Los mismos medicamentos, que no cambiaron en nada, gracias a una frase positivamente alterada curan más. Parece un ajuste menor, pero no lo es.

A través de nuestros diálogos cotidianos influenciamos a quienes nos rodean, fabricamos la realidad social que nos circunda. Mediante lo que decimos, ejercemos una influencia significativa en nuestra familia, esposa/o, hijos/as, amigas/os, colegas de trabajo. Ahora sabemos que las conversaciones no son neutras, crean el mundo en el que vivimos. El diálogo deficitario construye estados negativos y el diálogo positivo conduce a estados óptimos. Por eso las sociedades que practican el diálogo del déficit, se destruyen casi sin saberlo.

Ciertamente, el diálogo negativo es muy difícil de cambiar. Requiere de disciplina y convicción y cuesta mucho. Pero se puede sustituir, y gracias a esa sustitución intencional inaugurar una nueva realidad social. Lo primero es ser consciente de cual es nuestro diálogo; de cuán positivas o negativas son nuestras conversaciones de todos los días. Y el acto crucial es la elección de los tópicos. El cambio que queremos ver comienza con los temas sobre los que elegimos conversar.

En mis charlas siempre propongo el siguiente ejercicio, que es muy simple. Entable una conversación con alguien sobre cualquier tema (con cinco minutos alcanza), pero con un par de restricciones: elimine la palabra "No"; e intente sustituirla por la palabra "Sí". Y la otra restricción es la siguiente: elimine la palabra "Pero" (sino seguramente estará tentado a decir "Sí, pero") y trate de usar la palabra "Y".

Es difícil hablar eliminando las palabras "No" y "Pero". Sin embargo hay que trabajar para eliminarlas, porque son palabras que destruyen. En cambio "Si" e "Y", ayudan a construir.

Los positivos nunca dicen:

"No se puede..."

"Lo que pasa es que..."

"Vamos a ver..."

"No lo van a aceptar..."

En lugar de eso dicen:

"Podemos..."

"La solución podría ser..."

"Lo voy a hacer..."

"Los vamos a convencer..."

Los positivos no utilizan los sarcasmos ni la ironía, que son formas de negativismo escondidas detrás del ingenio y el humor. El sarcasmo destruye la ilusión, conduce a la desesperanza, le hace mucho mal a las personas y las organizaciones.

Tercera parte
Actitud de equipo - Fuerza

Más que un conjunto de individuos

Los días que siguieron a aquella dura reunión y a aquel cartel de "No more palids" fueron difíciles. Y las semanas y meses posteriores fueron durísimos. Había mucha gente molesta conmigo y muy contrariada con la situación. Muchas veces me sentí muy solo, aunque luego me di cuenta que no estaba tan solo.

Era necesario llevar adelante una transformación a fondo de la organización. El cambio por el que luchaba era un cambio cultural. La cultura que predominaba era la de "Te voy a explicar por qué… *no* se puede". Es una cultura que nos explica las causas de que las cosas anden mal. Había que transformar esa cultura y desarrollar la de "Te voy a explicar por qué… *sí* se puede". Una cultura basada en la actitud de "Sí, quiero hacer".

Pero había algo más. En mi fuero íntimo sentía que éramos un conjunto de personas muy inteligentes y preparadas, pero que eso no bastaba para ganar la competencia que se venía por delante. Sin lugar a dudas éramos un grupo de individuos con una historia muy rica y una actuación reconocida, que había obtenido logros muy importantes. Este grupo había llevado a la empresa a una posición de éxito y liderazgo y eso nos daba un gran crédito: el que se otorga a quienes han alcanzado metas.

Lo que me preocupaba era el futuro, en el que debíamos enfrentar desafíos muy diferentes a los que habíamos enfrentado en el pasado. Vivíamos un momento de cambios radicales y rápidos en la industria de las tecnologías de la información y nosotros no estábamos cambiando ni con la misma radicalidad ni con la misma velocidad.

Lo que sentía era que estábamos algo adormecidos por una cierta complacencia derivada de éxitos anteriores. Me preocupaba que estuviéramos pensando "ya llegamos", en lugar de "estamos en viaje". Me preocupaba que estuviéramos convencidos de que el futuro fuera una proyección del pasado y que el tropiezo de ese año en que no logramos los objetivos fuera simplemente eso: un tropiezo. Que pensáramos que era algo pasajero, una "anomalía" negativa y que, por lo tanto, al año siguiente podríamos "volver".

Sentía que el equipo que teníamos había sido muy bueno para ganar otros partidos y competir en otros campeonatos. Pero que no podía ganarle a los nuevos rivales con los que debíamos competir ni ganar el nuevo campeonato que debíamos jugar.

La actitud positiva nos permitiría soñar con un futuro posible, como el de duplicar la facturación. Pero también necesitábamos una fuerza excepcional para conquistar ese sueño, ese futuro, y sospechaba que esa fuerza surgiría de nuestra capacidad para construir un gran equipo para ganar en las grandes ligas.

En un equipo de tal naturaleza, sus miembros adoptan una mentalidad "ganamos todos o perdemos todos". Cada miembro está dispuesto a sacrificarse por el equipo y ningún miembro individual es considerado más importante que el equipo como tal. Cada uno da lo mejor de sí porque existe un clima de confianza recíproca y todos se sienten responsables por el resultado.

En mi opinión, éramos un conjunto de individuos con varios jugadores de muy buen nivel. Pero aún no teníamos un equipo ganador.

Ganamos todos o perdemos todos

Imaginemos por un momento la siguiente situación. Somos parte de un equipo de fútbol y ocupamos la posición de defensa por el lado izquierdo. En un momento del partido, nuestro defensa por el lado derecho es superado por un delantero del equipo contrario. El delantero continúa avanzando por el lado derecho directo al arco. ¿Qué haríamos?

Doy dos opciones. La primera es dejar nuestro lugar, dejar nuestro territorio y desplazarnos hacia el lado derecho para detener al delantero que avanza. La segunda es quedarnos en nuestro lugar, cuidando nuestra zona.

La respuesta parece obvia, al menos en el mundo de los deportes. Cualquier futbolista en la misma situación, no dudaría en salir de su zona e inmediatamente iría a cubrir la posición de su compañero superado. Jamás permitiría que el delantero continúe avanzando hacia el arco y quede frente a frente con el golero.

Bueno, esto que es tan claro en el deporte, no es tan claro en las empresas. Por lo general ocurre lo contrario. Lo que hacemos es quedarnos en nuestro lugar, cuidando nuestro territorio, la "chacrita", como decimos en el Río de la Plata y dejamos pasar al delantero rival directo al gol. Si alguien nos reclama algo, decimos: "Y yo qué tengo que ver. Yo estoy perfecto. Mirá qué estado físico que tengo, mirá qué abdominales…". En mis conferencias yo siempre agrego una broma: "Miren qué bien que tengo el césped en mi zona".

Los deportes de equipo permiten ejemplificar de manera efectiva la idea de equipo porque, justamente, la clave para obtener triunfos es el funcionamiento de un grupo de jugadores como un equipo. En un equipo de fútbol, de básquetbol, de rugby, de béisbol, todos comparten un propósito y se esfuerzan individual y colectivamente por conseguirlo. Cuando el otro está en problemas, lo ayudan. Cuando el otro no demuestra una buena actitud de equipo, lo rezongan.

En las empresas sin actitud de equipo, cuando el otro está en dificultades, la respuesta es: "no es mi problema". Cuando otro hace un gol, es su gol. Y cuando yo hago un gol, es mi gol.

Esta actitud conduce a la declinación y al fracaso, porque una empresa debería ser un gran equipo, en la medida que el producto o servicio que esperan los clientes cada vez más proviene necesariamente de la cooperación de un conjunto diverso de personas (distintas en género, raza, cultura, nacionalidad, educación, etc.). Por eso cuando la empresa tiene un problema "es mi problema". Cuando a la empresa le va bien, todos ganamos, y cuando le va mal, todos perdemos.

Veamos lo que ocurre comúnmente en las empresas. Por lo general están organizadas en funciones separadas, como ventas, administración, finanzas, soporte. Cuando el cliente pide algo, se lo pide a la empresa, no se lo pide a una sección o a un departamento o a una persona en particular. Y espera recibir algo de la empresa, no de una parte de la empresa o de alguien en particular. Digamos que el cliente hace un pedido y recibe una respuesta. Coloca un *input* (el pedido) y recibe un *output* (un producto o servicio).

Supongamos que el cliente tiene un problema con una factura y hace un reclamo. No le importa si su reclamo pasa de ventas a administración… o qué vueltas da dentro de la empresa. Sigue el camino que para él es más natural, por ejemplo, llama al vendedor a quien le compró y le cuenta su problema. Cuando no existe una actitud de equipo es muy común que la respuesta del vendedor sea: "¡Qué horrible, pero este es un problema de Administración, debería comunicarse con ellos!". O imagínense que el cliente tiene un problema con un producto y llama al "Servicio Técnico" y el técnico le responde "Lo que pasa es que los de ventas venden cualquier cosa". La persona de ventas parte de la base que el problema de la factura es de la gente de administración, el técnico que el problema con el producto es de ventas, y mientras tanto, mientras cada uno le echa la culpa al otro, el que no recibe respuesta es el cliente. Y cuando el cliente está mal atendido, aumentan las posibilidades de perderlo. Cuando se pierde un cliente... ¿Quién pierde? ¿Pierde quien hizo mal una factura? ¿Pierde quien vendió un producto inadecuado? Pierden todos. El vendedor, el técnico y el administrativo. Pierde el empleado y pierde el accionista. Las empresas deberían verse y funcionar como un gran equipo: todos son ganadores, o todos son perdedores.

Nos sacrificamos individualmente

La actitud de equipo se evidencia en el sacrificio individual y de todos y cada uno de sus integrantes.

En Estados Unidos hay una expresión que dice *There is no I in team*. Quiere decir que en la palabra *team* no está la letra "i". O sea, que en la palabra equipo no hay "yo". Pero también, como dice Michael Jordan, *There is an I in win*, hay una "i" en "ganar". Hay "yo" cuando se gana. Uno pensaría que Jordan es un soberbio. Pero no es así.

Jordan fue campeón de la NBA (la liga de básquetbol más importante del mundo) con los Chicago Bulls en seis ocasiones. Fue elegido como el mejor deportista del siglo XX por ESPN. Fue máximo anotador y Jugador más valioso (*MVP, Most Value Player*) en varias temporadas, pero lo interesante es que fue un gran jugador defensivo. Fue elegido en más de una ocasión como el Mejor jugador defensivo de la NBA. Aunque era el jugador más importante del equipo y la estrategia de juego de los Chicago Bulls giraba en torno a él, las estadísticas muestran que a lo largo de toda su carrera, Jordan tenía índices muy altos en categorías que son típicamente de colaboración de equipo, como rebotes, pelotas robadas y asistencias a sus compañeros.

Cuando Jordan dijo que hay "i" en "win", no quiso decir que él era la estrella. En mi opinión, lo que quiso decir es que cada uno debe dar lo mejor de sí para que el equipo gane. En la actitud de equipo todos tienen que sacrificarse por el triunfo del equipo. Jordan era el primero en hacerlo. Un ejemplo de esto fue su desempeño en la final de la NBA de la temporada 1996-1997, en la que se enfrentaron los Chicago Bulls y los Utah Jazz. En el quinto partido Jordan jugó con fiebre, pero igual anotó 38 puntos. En el sexto y definitivo partido, a pocos segundos del final, en una jugada decisiva, Jordan optó por no efectuar el lanzamiento, que es lo que su rival supuso que haría y en lugar de eso se llevó las marcas y luego le pasó el balón a Steve Kerr, quien anotó un triple, liquidó el partido y Chicago obtuvo el título de campeón. Steve Kerr era un base de poca estatura, no muy fuerte, suplente en los Bulls. Pero era el mejor triplero de la NBA. Jordan renunció a la gloria de ser el artífice del triunfo en los últimos segundos y confió el balón más importante de todo el campeonato al pequeño Kerr, que en ese instante era la persona correcta para el trabajo correcto.

Fusión de inteligencia y corazón

Un gran equipo reúne y acumula capital humano, fusiona -en el sentido más físico de la palabrala inteligencia y el corazón de sus miembros.

Muchas veces escucho decir a los gerentes: "nuestro activo más importante es nuestro capital humano".

Generalmente se confunde capital humano con capital intelectual. El capital intelectual se puede "comprar". Uno puede contratar a los mejores contadores, ingenieros, técnicos, abogados. Eso se compra. Pero eso no es capital humano. Es solo una parte.

El capital humano (CH) surge de multiplicar el capital intelectual (CI) por el capital emocional (CE). La fórmula es CH = CI x CE.

Como decíamos, el capital intelectual se puede comprar, pero el capital emocional, lamentablemente, no se puede comprar ni tampoco decretar. Se construye. Se puede traer a los mejores profesionales del mundo (CI alto), pero si no se tiene pasión, convicción y sacrificio (poco CE), el capital humano será medio o bajo. Notemos que la fórmula del CH es una multiplicación no una suma. Si tuviéramos un CI de 100 y un CE de 0, el CH sería 100 x 0 = 0. O sea, tendríamos el máximo capital intelectual, pero no tendríamos capital humano. Sería cero.

Un ejemplo fue el equipo de fútbol de Galácticos del Real Madrid, de España, en su primera época (2000-2005). El presidente del Real Madrid, Florentino Pérez, adoptó la política de contratar una superestrella por año. En el año 2000 fichó al portugués Luis Figo y en el año 2001, al francés Zinedine Zidane. En esos dos primeros años, el Real Madrid hizo una buena campaña. Ganó por dos años la Liga de España y en el 2002, la liga de campeones.

En el 2003, incorporó al brasileño Ronaldo, en el 2004, al inglés David Beckham y en el 2005, al inglés Michael Owen. En ese equipo también jugaban otros grandes jugadores, como el brasileño Roberto Carlos y los españoles Iker Casillas y Raúl González. En el 2005 el equipo era sinónimo de glamour: tenía a las superestrellas pero también a los galanes del fútbol. Las mujeres afirmaban que allí jugaban los más apuestos del mundo. Sin embargo, en el 2003, 2004 y 2005 el Real Madrid no logró ningún título importante.

(Florentino Pérez salió de la Presidencia del Real Madrid en el 2006 debido en gran parte a la falta de resultados deportivos, pero volvió en el 2009 y con la misma filosofía: contrató al brasileño Kaká por 65 millones de euros y al portugués Cristiano Ronaldo por 94 millones. Habrá que ver cómo le va en esta segunda etapa).

Seguramente hay muchas opiniones sobre la primera etapa de los Galácticos y por qué no ganaba. ¿Sería que el Real Madrid tenía mucho CI, mucho Capital Intelectual, mucho talento técnico, el mayor del mundo quizás, y muy bajo CE, Capital Emocional, lo que bajaba la capacidad total del equipo medida en Capital Humano.? ¿Faltaba ese "compromiso", esa pasión, esas ganas, esa energía necesaria para emprender los desafíos? Quizás un indicador de la falta de capital emocional fue que en el año 2005 esta política comenzó a ser revisada por el Real Madrid y se incorporaron algunos jugadores con menos glamour y más fuerza, pasión, temperamento y marca, entre ellos el uruguayo Pablo García. Quienes han visto jugar a García estarán de acuerdo en que su aporte de capital emocional es alto.

El Capital Emocional es necesario para apalancar el Capital Intelectual, para que este efectivamente se despliegue y se logren buenos resultados. Todos hemos visto a muchas personas con gran inteligencia y capacidad pero sin fuerza interna, sin pasión, que se quedan por el camino. Y a la inversa, hemos visto también muchas personas con menor inteligencia y capacidad que mueven el mundo. Con su empuje, perseverancia y pasión obtienen grandes logros. El reconocido periodista deportivo uruguayo Jorge "Toto" Da Silveira, repite siempre una frase que decía su padre: "El mundo esta lleno de talentosos indolentes fracasados y gente con una voluntad de hierro que son los que lo mueven."

Un equipo ganador une mediante un propósito común a personas preparadas y motivadas, no solo preparadas. No cabe duda que es muy bueno contar en cualquier equipo con jugadores de altísima calidad técnica pero la mera suma de técnica no consigue resultados extraordinarios. Además hay que unir inteligencia y corazón. Y el equipo instrumenta esa unión.

Co-crear el mejor lugar para trabajar

Cuando no hay actitud de equipo, muchas veces se genera una confusión y es la de pensar que la creación del mejor lugar para trabajar es un derecho a exigir, en general, a los gerentes o a los dueños de la empresa, y no una responsabilidad compartida. Repito: el equipo de una empresa son los empleados y cuando se aspira a que los empleados estén "encantados", los responsables de lograrlo son los jefes y los propios empleados. Primero aquéllos y luego estos, pero ambos, jefes y empleados son agentes activos, aunque muchas veces no conscientes. El clima de trabajo que reina en un equipo es co-creado por sus miembros. El clima de una organización es el producto colectivo de las actitudes, los dichos y los actos de la gente que la integra. La mejor manera para lograr que el lugar en el que yo trabajo sea espectacular es asumiendo que yo soy responsable de que eso se logre. En mi caso personal, cuando contrataba a un nuevo empleado siempre le decía: "Te necesito para que vengas a construir el mejor lugar para trabajar". Eso se hace todos los días y lo hacen los que trabajan a diario en la empresa. Se logra matando los rumores y aclarando las cosas de frente. Se logra trayendo nuevas ideas en lugar de quejarse de lo que anda mal. Se logra siendo cada vez más útil, mejorando como profesionales. Se logra contagiando buen humor, siendo leales e íntegros. Si todos los días cada uno de los que convive en el gran equipo que es la empresa hace estas cosas, estará contribuyendo a lograr que la empresa sea "el mejor lugar para trabajar". Podrá disfrutar de su trabajo y ayudará a que los otros también lo disfruten.

El equipo multiplica el desempeño individual

Un equipo es un grupo de personas unidas por un propósito común, como ganar un campeonato, filmar una película, ganar una elección presidencial o producir motores para aviones. En los equipos ganadores cada individuo juega un papel, aporta su fortaleza distintiva, pero también colabora en la construcción de una personalidad colectiva, dada por lo que los miembros quieren lograr juntos. Los individuos colaboran para que brille el equipo y en el proceso afirman su identidad individual. Los equipos ganadores no disuelven las identidades de cada miembro, por el contrario, las realzan y las integran en una entidad colectiva superior. En estos equipos los talentos, las habilidades y la fuerza de cada uno de los individuos, se complementan, se fusionan y se multiplican. Y esta capacidad expandida permite a cada miembro conseguir un resultado superior al que habrían sido capaces de conseguir por separado.

Un ejemplo son The Beatles, que como todos sabemos lo integraron cuatro artistas diferentes y únicos: Paul Mc Cartney, John Lennon, George Harrison y Ringo Starr. Hay quienes prefieren a Paul Mc Cartney, otros a John Lennon, también hay seguidores de George Harrison y de Ringo Starr, pero la mayoría de las personas prefiere a los Beatles por encima de cada uno de ellos. Es la química de ellos juntos, la del equipo, la que dejó una huella indeleble en la historia de la música pop mundial, superior a la que dejaron o dejarán cada uno de ellos como solistas. Otro ejemplo, para los que viven en América Latina, es Les Luthiers, un conjunto de músicos y humoristas argentinos. Juntos son unos genios inolvidables. Alguna vez han actuado por separado y no se han destacado.

Es cada vez más difícil conseguir logros verdaderamente extraordinarios solo gracias al talento de un individuo. Por eso el equipo y la actitud de equipo importan, porqué el equipo es el instrumento para producir resultados significativos y relevantes. Y la actitud de equipo es la postura mental que hace que los equipos de trabajo, las empresas, las alianzas entre empresas y los ecosistemas formados por empresas, gobiernos e instituciones, funcionen efectivamente y permitan producir la clase de riqueza que demanda el bienestar de las personas.

El equipo y el líder

La actitud de equipo debe ser modelada por el líder. Él es quien debe demostrarla en primer lugar. Debe impulsar el desarrollo de un propósito y de metas compartidas y asignar roles y responsabilidades. Es el líder quien tiene que lograr que todos entiendan lo que está intentando lograr. Cada miembro tiene su singularidad y un aporte único para entregar, pero esa contribución individual debe tener un propósito compartido. Sin propósito común no hay equipo.

En los deportes, el propósito común y el papel que juega cada integrante en el equipo, por lo general, se percibe con bastante claridad, porque se trata de una misión sencilla (anotar más goles que el rival en el fútbol, pasar primero la línea de llegada en remo o en carreras de atletismo) y una cantidad reducida de personas, cada una con funciones bien establecidas.

Pero en las organizaciones, y más aun en las grandes compañías, los individuos muchas veces se sienten perdidos o confusos, no entienden bien cuál es el "partido" que están jugando -el fin último de sus esfuerzos y se les hace más difícil entender qué papel deben jugar. Por esa razón es muy importante el líder del equipo como integrador y comunicador, hacia arriba, abajo y los costados. Es fundamental que cada individuo posea un sentido de propósito y juegue adecuadamente su papel.

Seguramente muchos deben conocer el cuento de los tres trabajadores que están haciendo un mismo muro. Uno está en una punta, el otro en el medio y el otro en la otra punta.

Se le pregunta al de la punta: "¿Qué estás haciendo?".

Responde:

"Un trabajo insoportable. Tengo que poner un ladrillo arriba del otro". Se le hace la misma pregunta al del medio y responde:

"Estoy haciendo un muro".

Y la misma pregunta al tercero y contesta:

"Soy parte del equipo que está construyendo la catedral".

Por un momento dejemos de lado el hecho de que puede haber diferencias de actitud entre los tres. No lo miremos como algo individual. Sino que pensemos que los tres tienen la misma actitud, todos tienen la misma sana intención. ¿Cuál es la diferencia?

La diferencia entre los tres, es el líder, es el jefe.

En el primer caso vino el jefe y le dijo al trabajador: "Poné estos ladrillos, uno arriba del otro". En el segundo caso, le dijo: "Estamos construyendo un muro. Poné estos ladrillos, uno encima del otro".

En el tercer caso, el jefe le dijo: "Estamos construyendo una hermosa catedral. Vení, por favor, que te muestro. Mirá este plano y este dibujo y vas a ver cómo quedará la catedral cuando esté terminada". Le dijo: "Tú sos muy importante para que podamos lograrlo. Lo que vos tenés que hacer es poner estos ladrillos para hacer este muro, para construir una hermosa catedral. Como podrás ver, este muro es muy importante para que la catedral quede muy bien". La diferencia es el jefe. Es un jefe que le explica a su gente cuál es la razón de ser del esfuerzo individual, le explica cuál es el campeonato a jugar, le explica qué partido hay que ganar y le explica la importancia del aporte de cada uno al éxito del proyecto. Es un jefe que le muestra a cada uno de los miembros de su equipo lo *relevante* de su contribución al proyecto total. Generalmente los líderes/jefes le dicen a su gente el "qué", le dicen qué es lo que hay que hacer. En este caso, poner un ladrillo sobre otro. Incluso cometen el error de explicarles en detalle el "cómo" (y esto lleva a otro tema sobre el desarrollo de los empleados…). Pocas veces le explican el "porqué": por qué esto es importante, relevante para el logro de una misión superior y significativa. Todos queremos ser o hacer algo que importe, "dejar una huella" que sea relevante. Hasta la más mínima tarea, como es un aporte a un objetivo mayor, es relevante. Una parte importante del trabajo del jefe es lograr que cada miembro de su equipo entienda la relevancia de su tarea.

Pero la actitud de equipo del líder va más allá. No alcanza con una buena explicación inicial. A medida que se desarrolla el juego le muestra el progreso de la obra que están construyendo juntos.

El líder tiene que mostrar la catedral a su gente. Tiene que decirle a su equipo cuál es la razón de la existencia de la empresa de la que forman parte. Eso es comunicación, es gestión, es liderazgo, es actitud de equipo.

Propósito y valores comunes

El propósito es ese algo mas grande, mas noble, que provee la energía emocional y la identidad al equipo. Cuando los líderes con su equipo logran definirlo claramente, en forma sencilla, produce una atracción especial: la generación de energía del "por qué", del "para qué " hacemos lo que hacemos. Cuál es ese fin último de nuestro trabajo.

Además de definir y comunicar incansablemente ese propósito común, para construir un equipo y para "reclamar" que cada uno de los integrantes sea un jugador de equipo, es necesario que el líder promueva un acuerdo sobre las normas de funcionamiento del equipo, empezando por los valores compartidos.

Los valores compartidos son las reglas de funcionamiento más fundamentales del equipo e indican el modo en que sus miembros desean cooperar para conseguir el propósito común. Tienen que ver con el "cómo". El proceso de articulación es tan o más importante que el resultado (una declaración de valores) y es fundamental que el todos los miembros del equipo "vigilen" y "cuiden" estos valores, empezando por el líder que debe ser ejemplo y custodio.

Sobre misión y valores en los negocios se ha escrito bien y mal hasta el hartazgo, lo que ha contribuido a la banalización de ambos conceptos. Pero por ello, la misión y valores compartidos no son herramientas de liderazgo insustanciales, sin importancia. Siguen siendo dos instrumentos formidables y fundamentales para construir equipos.

Los líderes deben usar el propósito, la misión y los valores como herramientas constituyentes del equipo y vivir estas declaraciones compartidas en cada uno de sus actos. La diferencia no radica en el contenido escrito, sino en la atracción que produce en los miembros del equipo. Esa atracción está directamente relacionada con la pasión con la que el líder las vive día a día. Eso es liderar con el ejemplo.

Lo que he observado en las personas con actitud de equipo

Disfrutan con el logro del equipo

Los integrantes son felices con el logro del equipo, no solo con el logro individual. En un equipo de fútbol, de básquetbol, de rugby o de béisbol, cuando alguien hace un gol, un doble, un *try* o un *jonron*, aunque ellos no lo hayan hecho, todos lo festejan. Y además, felicitan y abrazan al que lo convirtió y lo hacen con genuina emoción. Lo mismo ocurre con los jugadores de equipo en las empresas. Cuando se obtiene un éxito, lo festejan. Porque saben que ese gol es del equipo y que si ganan, ganan todos.

Se sacrifican por el equipo

En la actitud de equipo las personas siempre piensan primero ¿qué es lo mejor para la empresa? El orden de prioridad es primero el cliente, luego la empresa, luego el departamento y por último yo.

Por ejemplo, si somos el equipo de finanzas, sabemos que si no hacemos este descuento, perdemos un cliente y pierde la empresa. No lograremos todo el *profit* que queríamos, pero es bueno para la empresa.

Los individuos con actitud de equipo están dispuestos a sacrificios personales para que el equipo gane.

Hacen esos pequeños sacrificios, todos los días.

Dan aliento

Generalmente, los que tienen actitud de equipo dan aliento a los colegas y reconocen a otros en público y disfrutan haciéndolo. Lo dicen de forma bien clara. Se alegran por el logro de un par. Reconocen que el trabajo que hizo otro es excelente. Saben que cuando un compañero de equipo es reconocido, se generan emociones positivas, lo que beneficia a todos.

Saben que ningún individuo es mejor que el equipo

Los individuos que tienen éxito saben que ninguna persona es mejor que la suma de todos. Apuestan al equipo, lo cuidan, porque saben que sin el equipo cada uno vale menos y crean menos valor.

Hace poco me llegó un mensaje de correo de Juan Franchi. Juan fue mi primer jefe en IBM Uruguay. Me regaló un texto, del que desconozco el autor, que condensa mucha sabiduría sobre lo que es el espíritu de equipo y del ejemplo que deben dar los jefes. Se titula "La palabra menos importante".

Las seis palabras más importantes: Admito que yo cometí un error. Las cinco palabras más importantes: Usted realizó un buen trabajo. Las cuatro palabras más importantes: ¿Cuál es su opinión?

Las tres palabras más importantes: Le agradezco mucho. Las dos palabras más importantes: Por favor.

La palabra menos importante: Yo.

Aceptar el error, felicitar por un trabajo bien hecho, escuchar antes que opinar, agradecer, pedir por favor, colaboran en la construcción de un equipo.

Equipos de alto desempeño

El hecho de que varias personas trabajen juntas en un mismo lugar, en un mismo horario y para una misma organización, no los convierte en un equipo. Es muy diferente un conjunto de individuos o un grupo que un equipo y, más aun, que un equipo de alto desempeño.

En aquellos tiempos en IBM, sentía que nos faltaba eso. Éramos muy buenos en forma individual y si uno miraba área por área, función por función, en muchas se observaban buenos resultados. Pero lo cierto es que el mercado crecía pero nosotros no. No funcionábamos como un "gran equipo". No éramos un equipo de alto desempeño.

No solo yo sentía que era necesario hacer una transformación rápida y a fondo. Luego descubrí que había muchas personas que pensaban como yo. Pero lo que hacía difícil esa transformación era justamente haber tenido éxitos en el pasado. Si el grupo de IBM hubiera sido un desastre, habría sido más fácil. Pero se complicaba mucho porque ese "cuerpo" tenía músculos desarrollados. Además había consolidado una memoria inconsciente, estructurada en base a costumbres, comportamientos y hábitos que operaban como una firme barrera y que dificultaban elevar la *performance* a un nuevo nivel.

Para conformar un equipo son imprescindibles las personas con actitud de equipo, con la intención y el deseo de ser miembro de un equipo. Pero eso no basta, hay que dar el primer paso y acordar un propósito común, metas específicas y reglas de funcionamiento. Esa es la técnica. Y luego, con disciplina, caminar esos acuerdos fundacionales.

Determinación, técnica y disciplina

Tengo una rodilla muy maltrecha y desde hace tres años que trabajo en su recuperación con Raúl López Barrera, mi personal *trainer*. En muy poco tiempo me enseñó a dominar mejor mi cuerpo, pero mucho más que eso. Me dijo: "Si lo dejás, él va para donde le resulta más cómodo". También me dijo: "Tiene memoria". Para llevarlo hacia donde debe ir, me explicó, es necesario hacer los ejercicios y tener una disciplina férrea de trabajo sistemático, exigente, que ayude a subir un peldaño por vez, a "elevar la vara". En las sesiones con Raúl aprendo de todo: por supuesto que a entrenar mi cuerpo, pero también aprendo sobre las personas, las empresas y los equipos. (Raúl ha entrenado a los mejores deportistas y equipos del Uruguay y todos los que trabajaron con él lo admiran. A los 75 años obtuvo la medalla de bronce en decatlón olímpico en el mundial senior en Finlandia y a los 76 logró el oro en garrocha y en decatlón en el Mundial Senior de Atletismo en Sacramento, California en 2011.

Construir un equipo de alto desempeño es como cultivar un músculo: requiere determinación, técnica y disciplina. También se requiere de paciencia, porque la mejora se logra en el largo plazo y en el proceso son frecuentes las caídas en el desempeño, lo que hace que muchos abandonen el esfuerzo a poco de comenzar. Se requiere "manejar con luces largas" para ver más allá de ese valle de desempeño que caracteriza la trayectoria al alto desempeño. Al igual que un cuerpo o una rodilla maltrecha, un grupo también tiende a ir hacia donde le resulta más cómodo. Tiene memoria. Para construir un equipo se debe mantener una disciplina férrea y una persistencia implacable. Y aplicar la mejor técnica disponible.

Sesiones de Constitución del Equipo

Uno de mis desafíos actuales en X^n es ayudar a convertir grupos de personas en equipos "ganadores", equipos que logran resultados sistemáticamente, equipos de alto desempeño. Hemos diseñado un proceso de construcción organizacional, para ese propósito. Lo hicimos siguiendo lo que indica la mejor práctica corporativa y la investigación más aceptada. Para transformar un grupo de trabajo en un equipo de alto desempeño es imprescindible que sus miembros acuerden perseguir un propósito común, metas específicas y cumplir un conjunto de reglas de funcionamiento. Es una condición necesaria. Trabajamos dos días con un grupo intacto (la mayoría de las veces con el grupo ejecutivo de la organiación) y en ese tiempo ayudamos al grupo a constituirse en un equipo de alto desempeño sobre los tres pilares mencionados (propósito, metas y reglas). Al final de los dos días sabemos que el equipo existirá si cada miembro, al volver a la oficina, "camina esos acuerdos" a diario.

Los equipos de alto desempeño no se construyen de la noche a la mañana, ni fuera del campo de acción. Pero su constitución puede acelerarse mediante un proceso formal que cataliza la creación de acuerdos sobre el propósito del equipo, indicadores de desempeño clave, roles y responsabilidades, sistema de reuniones y reglas para la toma de decisiones.

Luego, la receta indica un importante esfuerzo de cada uno de sus integrantes para amoldar los hábitos de trabajo a esos acuerdos constitucionales. Por eso es tan importante que cada uno de los individuos que componen el grupo inicial sean jugadores de equipo y por eso es tan valioso contar con personas que ya tienen la actitud de equipo, ya tienen la intención de crearlo.

Estas sesiones son un proceso poderoso de construcción de equipos, pero no basta con estas sesiones. Sin la presencia de la actitud de equipo en sus miembros, ese proceso constitucional se agotará a la salida de las sesiones y se convertirá en un ejercicio estéril. Es allí donde los líderes deberán tomar decisiones difíciles: quiénes pueden pertenecer al equipo y quiénes no.

La confianza

La actitud de equipo a su vez permite construir una organización basada en la confianza, lo que lleva a la prosperidad y el éxito.

Los equipos de alto desempeño son usinas de confianza. La confianza que se genera entre los miembros del equipo y entre el equipo y el resto de los equipos de la empresa, es el combustible de la cooperación. Sin esto, no hay innovación ni creación de valor superior.

Los equipos son también escuelas de confianza, enseñan a sus miembros su importancia y la forma de crearla y acrecentarla.

Los individuos que tienen éxito han aprendido que la confianza se construye en la relación con los otros, cuando cooperan con otros en un equipo para conseguir un propósito valioso para todas las partes. Saben que la confianza no se decreta, se gana. Resulta de la acción conjunta con otros y se apoya en tres pilares: justicia, sinceridad y competencia. Cuando una persona es injusta o mentirosa o incompetente, no genera confianza. Es suficiente no cumplir con uno de estos valores para no ser confiable.

Para crear un clima de confianza la comunicación debe ser abierta y en todas las direcciones (hacia arriba, abajo y los costados). En una organización en la que los individuos demuestran actitud de equipo y donde se pudo llegar a un estado de confianza, nadie tiene miedo. La gente se anima a tomar riesgos, innovar y a asumir responsabilidades. Cuando se equivocan, lo dicen de forma clara y genuina, porque no temen ser castigados o perjudicados.

La manera en que se maneja el error es un elemento muy importante en las empresas y en los equipos. Hay solo dos tipos de personas que no se equivocan: las que no hacen nada y las que mienten. Ninguno de esos dos tipos de personas contribuye a construir confianza en la organización. Los primeros porque son incompetentes y los segundos por falta de honestidad.

Thomas J. Watson Sr., quien fuera el primer Presidente de IBM, dijo en una ocasión: "Para lograr el éxito debes duplicar tu índice de errores". Cuando se desafía lo establecido, cuando se innova y se compite, se cometen errores. Esto lo saben los miembros de un equipo y los buenos jefes lo aceptan y lo alientan. Los nuevos errores son bienvenidos, porque se sabe que se cometen con el propósito de superación.

La sociedad de la confianza

La confianza es fundamental a todos los niveles de la sociedad. Lo es en la familia, en la empresa, en la comunidad y en el país. En todas las unidades de análisis, la confianza es un factor clave.

Francis Fukuyama escribió un libro llamado *Trust* (confianza) en el que demuestra que existe una correlación entre el grado de confianza de distintas partes del mundo y la prosperidad. A mayor confianza, mayor prosperidad.

La confianza es uno de los elementos que forman el Capital Social de una comunidad. Se ha comprobado que cuanto mayor es la confianza, la velocidad en la toma de las decisiones es mayor y la conflictividad menor. Lo que traducido a los negocios significa más foco en el desarrollo, más producción y productividad, más y mejores transacciones de naturaleza "ganar-ganar".

Uno de los ejemplos que menciona Fukuyama, es la Italia del norte y la Italia del sur. El sur es muy pobre y poco desarrollado. Esto es atribuible a las mafias, la corrupción, la falta de transparencia. En cambio el norte es próspero, es donde está el mayor desarrollo. Fukuyama demuestra con ejemplos que la confianza es un valor fundamental y que tiene un efecto directo sobre la prosperidad.

Otro autor que analizó con mucha inteligencia este tema es Alain Peyrefitte en su libro *La sociedad de la confianza*. Peyrefitte demuestra que el capital social es un tipo de capital que cuanto más se usa más crece, como el conocimiento. La confianza es uno de los impulsores del capital social. Por eso es tan importante construir confianza. Y digo "construir" porque la confianza es el fruto de un proceso de largo plazo, que demora en llegar y es muy frágil. Es suficiente con una mentira, una acción incompetente, o un acto de injusticia, para que la confianza se desmorone. Lo que costó meses o años construir se puede romper en un minuto.

Voluntarios

La cantidad de voluntarios en asociaciones sin fines de lucro es un indicador de la actitud de equipo. Una de las posibles mediciones de la actitud de equipo es el porcentaje de voluntarios que tiene una comunidad. Por ejemplo, en la cultura anglosajona (esto lo observé en mis períodos de vida en Nueva York) los jóvenes, los padres, los vecinos, se asocian para mejorar la plaza, la escuela, la biblioteca del barrio. Hay organizaciones de todo tipo, organizaciones no gubernamentales (ONG) en defensa de las más diversas causas. Hacen convenciones, recaudan fondos. La gente se involucra y se organiza en forma totalmente voluntaria, sin esperar a que los políticos de turno le resuelvan la vida. En Latinoamérica, en particular en Uruguay, da mucho trabajo organizar las comunidades, lograr voluntarios que dediquen tiempo gratis a actividades de mejora de la comunidad. Esto es consecuencia de una cultura en la que predomina la idea de que cuando hay problemas, es el Estado, el gobierno, el que debe hacerse cargo y resolverlos. Aunque los problemas ocurran muy próximos a esas personas y los afecten de manera directa, e incluso cuando esos problemas son de muy fácil solución por parte de ellos mismos, no se sienten "dueños", no sienten que sean ellos los que deben actuar. Esperan a que alguien de afuera lo venga a resolver. El porcentaje de voluntarios organizados por cuenta propia, sin la habilitación del Estado, evidencia el grado de asociatividad de los miembros de una comunidad y la medida en que sus miembros poseen la actitud de equipo. Expresa la creencia en la fuerza del equipo para hacerse cargo del bien común.

El éxito individual y el éxito colectivo

Si pensamos en los sistemas de creación de riqueza más efectivos, cada vez es mayor la interdependencia y la cooperación entre clientes, proveedores y empleados. Cada vez las "cadenas de producción" se vuelven más y más globales y la interconexión entre las diversas actividades ha llegado a tal punto que cualquier impacto en uno de los eslabones se siente en toda la cadena. Una muestra brutal fue la crisis financiera global de 2007-8.

Por eso se vuelven necesarias las asociaciones "ganar-ganar". Es cada vez más claro que para que a mí me vaya bien, le debe ir bien a los demás. No corre más aquello de "zafar" y tratar de salvarme yo a pesar de que a los demás les va mal.

Los individuos y las empresas están insertos en una comunidad. Si a la comunidad le va mal, a nosotros como individuos y a la empresa para la que trabajamos, también le irá mal. Si no colaboramos para que la comunidad mejore, si no entendemos que tiene que ganar el "gran equipo" para que la comunidad gane y así ganen los individuos, será difícil lograr que las cosas salgan bien.

"Se acabó la sociedad de los dribleadores", dijo una vez Ignacio González García, socio de Harteneck, López & Cia – Price Waterhouse Coopers de Argentina. No funciona eso de tratar de hacer fintas para escaparse del mal desempeño de una comunidad o un país. Los empresarios que tratan de "hacer la suya" se hacen trampas al solitario. Una vez, quizás, logran ganar, pero en la siguiente pierden. Es mejor apostar a tener una comunidad o un país donde se pueda trabajar con confianza y con prosperidad para todos y en el que las probabilidades de que me vaya bien sean altas para mí y para todos.

Ante todo es un tema ético. Todos tenemos familias, tenemos hijos y nietos, y no debemos entregarles un país en el que ellos tengan que convertirse también en dribleadores. Hay muchos que dicen: "pero yo no le hago mal a nadie". La frase: "no le hagas a los demás lo que no quieras que te hagan a ti", es el piso ético. Pero eso no alcanza. Deberíamos pensar con qué más puedo contribuir?, cómo puedo ayudar?, cómo puedo agregar más valor?. Eso es actitud de equipo.

Respeto por el individuo

Hemos hablado mucho del equipo y del sacrificio personal, pero no debemos olvidarnos que los individuos son la base de todo y que son lo más importante.

El equipo debe ganar y debe poner pasión y energía para lograr el triunfo. Pero debemos ser cuidadosos, porque en el fragor de la lucha se puede perder la perspectiva y avasallar a las personas. No debemos olvidarnos que todas las personas son distintas. Debemos respetar sus particularidades, permitir que desplieguen sus fortalezas y ayudarlos a mitigar sus debilidades (la complementariedad de habilidades que provee un equipo es la base para lograrlo). Debemos cuidar, cultivar el equipo, pero también a cada uno de sus miembros, por la misma razón ética anteriormente mencionada ("no le hagas a los demás lo que no quieres que te hagan a ti") pero también porque es necesario que los individuos se sientan bien y puedan desplegar sus capacidades y fortalezas en bien del equipo. Ayudándolos a desarrollar su potencial personal al máximo ayudamos a que se potencie el equipo. El rol del líder es lograr que cada uno de los miembros brille en su posición. Para eso deberá identificar las fortalezas distintivas de cada uno.

Diálogo

En una organización donde hay confianza se puede discutir en forma enérgica, siempre que esa discusión tenga por cometido buscar lo mejor para el equipo y no para los integrantes individuales.

En nuestros países latinos hay una interpretación equivocada de lo que es una discusión enérgica. Se las interpreta como cuestionamientos personales y no como cuestionamientos relativos a los problemas discutidos. En una organización en la que hay plena confianza, las personas no tienen miedo a las discusiones, porque saben que las discusiones son sobre temas de la empresa. Por lo tanto, aceptan discusiones fuertes sobre los problemas. Saben que no hay ataques personales, sino ataques a los problemas. Lo definen así: "Se discuten los problemas y no las personas, salvo que se especifique lo contrario".

En un equipo, sus miembros primero escuchan y luego hablan. Saben que la naturaleza es sabia. Si nos dio dos orejas y una boca es porque necesitamos mucho más escuchar que hablar.

Una de las grandes satisfacciones que tuve como jefe fue que las personas que trabajaban conmigo no tenían problema en decirme que me equivocaba. Un buen indicador de que hay confianza y buenas comunicaciones es que los demás te critiquen y te hagan llegar sus opiniones, discrepen con libertad y expongan sus sentimientos. Cuando a uno lo nombran jefe, no significa que lo nombraron sabio. Recuerdo que una vez vino a mi oficina un *business partner* (socio) y me habló de manera muy dura. Discutimos fuerte y cuando se fue quedé molesto. Le comenté a un compañero lo sucedido y que me había parecido mal la actitud de este *partner*. Recuerdo que mi compañero me dijo: "Deberías estar feliz". Lo miré sorprendido. Luego agregó "Deberías estar feliz de que un *partner* te diga las cosas directamente, y que en el error o en el acierto, venga y hable contigo cara a cara. Es porque siente que puede criticarte. Es porque confía en ti".

Lenguaje

El lenguaje verbal y no verbal revela de manera muy clara las actitudes de las personas. Lo mismo ocurre en particular con la actitud de equipo.

Las personas con actitud de equipo no se preguntan qué es lo mejor para ellos. Con genuino interés, preguntan: ¿qué es lo mejor para la empresa (o sea, para el equipo)? En las conversaciones hablan de nosotros más que de yo. Y lo hacen cuando las cosas salen bien pero también cuando salen mal.

Frases representativas del diálogo de equipo son:

"Esto es lo que acordamos hacer juntos".

"Perdón, cometí un error".

"No estoy totalmente de acuerdo, pero tienen mi apoyo".

"Decime si estoy entendiendo bien, lo que estás tratando de decir es…"

"¿Qué piensas sobre…?"

"¿Qué pasaría si…?"

"Yo me encargo de eso"

"Yo te ayudo con eso…"

"Yo me quedo contigo a terminar eso…"

El *Dream Team*

Hablar de actitud de equipo me produce una emoción especial, porque tengo muy claro que lo que logré en la vida fue gracias a los diferentes equipos de los que formé parte. Haber integrado equipos de alto desempeño y en particular haber sido parte del increíble equipo que se formó en IBM a principios de la década de los noventa, fue una de las más grandes satisfacciones de mi vida.

Siempre admiré a mi padre. Creo que todos los que lo conocen y lo vieron jugar al básquetbol, coinciden conmigo. Fue uno de los pocos uruguayos que ganó una medalla en los Juegos Olímpicos (medalla de bronce en Helsinski, en 1952). Con su equipo, el Sporting Club Uruguay, fue varias veces campeón de la Primera División de Uruguay y fueron campeones sudamericanos de clubes. Y con la selección fue también campeón sudamericano.

Mi padre siempre fue un hombre de perfil muy bajo. Cuando quieren entrevistarlo para que cuente la hazaña de Helsinski, nunca acepta.

He tenido la oportunidad de que me contara, en la intimidad familiar, muchas de las anécdotas de sus logros. Pero él siempre me habla de su equipo. Mi padre casi nunca habla de sí mismo. De lo que más le gusta hablar es de la confianza que sentían como equipo, de su compromiso y de su pasión y la de sus compañeros, de cómo se complementaban, de cómo se conocían entre ellos en lo personal. Todos eran distintos, pero honraban las diferencias personales. Me nombra a todos sus compañeros, con admiración y resaltando sus virtudes. A varios los conocí personalmente. A la mayoría, solo por sus nombres y sus capacidades, contadas por mi padre y por referencias de prensa. Sin lugar a dudas, un conjunto de individuos que le dieron muchas satisfacciones.

De lo que más le gusta hablar es de la responsabilidad individual y colectiva, de la intensidad de los entrenamientos, de los sacrificios que hacían para llegar a las prácticas y a los partidos. (Era la época del deporte *amateur* y ellos se dedicaban al básquetbol después de sus jornadas laborales).

Lo vi jugar solo una vez en Primera División, cuando yo era chiquito y me acuerdo poco. Todos los que lo vieron o jugaron con él, hablan de sus increíbles capacidades atléticas y de su completitud: velocidad, salto, gol y marca. Era una gran deportista en lo individual, pero él nunca habla de eso. Yo me tuve que enterar por los cuentos que otros me hicieron o deducirlo al compartir actividades deportivas con él, como básquet y volley, de las que disfruté mucho. Era increíble. A su edad me ganaba un rebote o me marcaba. A los 81, volvía de Praga, con una nueva medalla de bronce, del Mundial Senior de Básquetbol. Según él, acompañando a "los muchachos" (de setenta y más) y se "entreveraba" algunos unos minutos en cada partido.

A veces íbamos juntos a ver los partidos de Primera División de básquetbol. Nos sentábamos y, como ocurre siempre, comentábamos las acciones del partido. Mi padre elogiaba mucho las habilidades pero se enojaba con quienes no jugaban para el equipo. Y me los señalaba. Me explicaba que no alcanzaba con hacer goles. Era imprescindible marcar. Algunos solo se dedicaban a lanzar, olvidándose de su responsabilidad de defender. Eso lo hacía enojar. Defender en equipo, me decía, implica sacrificio individual.

Con el tiempo, entendí lo que mi padre me contaba. Lo entendí cuando yo mismo integré equipos deportivos en básquet y volley, pero además cuando integré grandes equipos a nivel empresarial. Entendí el goce que produce formar parte de un gran equipo y también entendí su enojo al observar a personas sin actitud de equipo.

Tiempo después de aquel momento crítico, en IBM se fue armando un gran equipo que con el tiempo, tras "caminar los acuerdos" en forma persistente y con disciplina férrea se convirtió en un equipo de alto desempeño. Muchos años después, cuando ya no estaba en IBM, me encontré con uno de nuestros clientes más importantes y me dijo: "Sabes Enrique, lo que veíamos de afuera era que ustedes se proponían algo y lo conseguían. Eran un equipo formidable… algo así como el *Dream Team*" Ese es el mayor reconocimiento que como integrantes de una empresa podemos recibir, porque es el reconocimiento del cliente.

Hoy, cuando hacemos las sesiones de construcción de equipos de alto desempeño, cuento a los participantes el enorme placer que viví por haber sido parte de un equipo de alto desempeño. Les narro la emoción que se siente cuando "jugás de memoria", cuando hacés jugadas cada vez mejores, cuando podés "gritar el gol" abrazado a tus colegas de equipo. De la satisfacción impresionante que se siente en el pecho y que se disfruta con los sentidos. De darse cuenta que estás funcionando con toda la potencia. Que los resultados se van dando. Y que vale la pena festejar todos juntos.

Cuarta parte

Actitud de mejora continua - Evolución

Confianza y soberbia

A comienzos de la década de 1970, Suiza era el líder mundial de la industria de la relojería. Sus empresas fabricaban el 90 % de los relojes que se vendían en el mundo. La industria relojera era tan importante que formaba parte de la identidad nacional. Los suizos estaban orgullosos de que se los considerara como la viva imagen de la precisión, la puntualidad y el cuidado del detalle. Sus relojes eran como ellos y ellos eran como sus relojes.

Pero en poco más de diez años, Suiza perdió ese liderazgo y Japón se convirtió en el N° 1 de la relojería mundial. Suiza cayó al 15 % de participación de mercado. Este episodio se conoce como "La crisis del cuarzo" (*Quartz Crisis*). Los relojes de cuarzo introdujeron un cambio tecnológico muy importante en la industria relojera mundial. A los nuevos relojes japoneses no había que darles cuerda, eran mucho más económicos y además eran muy precisos. Los suizos seguían fabricando relojes tradicionales mecánicos y a costos muy superiores. El número de empleados en la industria relojera suiza cayó de noventa mil en 1970 a treinta mil en 1984. Más de mil empresas relojeras suizas desaparecieron. De las mil seiscientas que existían en 1970 solo quedaron seiscientas en 1984.

Siempre son apasionantes las historias de países o empresas líderes que pierden su lugar ante rivales menos poderosos. Podríamos revisar la historia de Toyota versus General Motors, Canon versus Xerox y muchas otras. Pero "La crisis del cuarzo" tiene un condimento adicional: los propios suizos habían desarrollado la tecnología del reloj de cuarzo. Tuvieron la posibilidad de ser los pioneros y no lo hicieron.

En 1962 la industria suiza de relojería creó un laboratorio de investigación, el *Centre Electronique Horloger* (CEH). La misión del laboratorio fue desarrollar un nuevo tipo de reloj electrónico. Cumplieron rápidamente con el objetivo: en 1967 habían creado dos prototipos de relojes de cuarzo.

Desde 1858 funciona en Suiza uno de los mejores observatorios astronómicos del mundo, *L´ Observatoire* Cantonal de Neuchâtel. Este observatorio desarrolló relojes atómicos, altamente precisos. En la época de liderazgo suizo, el observatorio era una de las garantías de la calidad de la industria relojera.

En 1967, los investigadores del CEH llevaron sus prototipos de relojes de cuarzo al Observatorio de Neuchâtel. En una competencia de precisión en relojes pulsera, ocuparon los diez primeros lugares. Continuaron trabajando y en 1970 crearon el prototipo Beta 21, que fue utilizado por unas veinte empresas suizas para lanzar un nuevo reloj al mercado. Pero los sectores más conservadores y dominantes de la industria suiza se opusieron a usarlo. En su opinión, los relojes de cuarzo no iban a tener futuro. Estaban tan convencidos de que la nueva tecnología fracasaría que no tuvieron la precaución de mantenerla en reserva.

¿Cómo iba a tener éxito un aparato sin cojinetes, sin engranajes, sin toda la "arquitectura" que tradicionalmente le había dado el éxito a la relojería suiza? ¡Eso no es un "reloj"!, decían. Claro, no era un reloj, tal como se había definido siempre… por ellos mismos. Al final de cuentas, ¿quiénes sabían de relojes?, ¿quiénes eran los exitosos en la industria?, ¿quiénes eran las autoridades en la materia? Los fabricantes suizos estaban tan seguros de lo que decían que en una de sus ferias mundiales de relojería, expusieron su nueva tecnología casi como una curiosidad, sin protegerla. Por allí pasaron los japoneses, la vieron, copiaron y el resto es historia conocida. Los suizos habían llegado al éxito definido como destino. Su postura mental no les había permitido reconocer otras posibilidades y anticipar y superar su propia obsolescencia.

Con los nuevos modelos de cuarzo, el reloj cambió para siempre. Lo que antes era un objeto costoso y de distinción, a mediados de la década de 1970, de la mano de los japoneses, se convirtió en un objeto popular. El precio bajó hasta los US$10. En 1983, los suizos reaccionaron, lanzaron los relojes *Swatch* y recuperaron parte del mercado. Pero ya era tarde y ese error inicial les costó carísimo.

La semilla del fracaso está plantada en el éxito

Lo que le ocurrió a los suizos muestra que la semilla del fracaso está plantada en el éxito. En su video de la década de 1980 titulado *Paradigmas*, Joel Barker narra varios casos como el de la relojería suiza (al que también menciona) y muestra claramente que el éxito no puede ser un destino, debe ser un viaje.

La sucesión de logros y victorias resonantes, genera en las personas (en las organizaciones, en los países) una sensación de orgullo, de seguridad y de confianza en sí mismos por los resultados obtenidos. Esto no tiene nada de malo. Al contrario, es excelente cuando esa confianza se utiliza como el combustible para proponerse nuevas metas, nuevos desafíos y cuando esa confianza ayuda a mantener la energía que nos hace evolucionar. Pero es un arma de doble filo. Hay una línea muy delgada que no se debe cruzar, pero que muy frecuentemente es cruzada por las personas, por las organizaciones y también por los países.

A un lado de la línea está la confianza. Al otro lado de la línea está la soberbia. Los que confían en sí mismos saben que el éxito es un viaje y que lo logrado es solo una parte del camino. Para ellos, confianza quiere decir que uno siente que puede mejorar, que se puede superar y que puede lograr nuevas metas. Las personas exitosas que han cruzado la línea y actúan desde el lado de la soberbia conciben el éxito como un destino y creen que cuando se llega a él ya no hay nada más y nadie nos puede sacar de ese lugar. Soberbia quiere decir que uno ya no necesita escuchar más, aprender más, porque ya sabe todo.

En la era del conocimiento, quien piensa así camina con los ojos vendados. O peor aún, es un muerto caminando.

Esto no ocurre solo en el mundo empresarial. Ocurre también en el ámbito académico y científico. Muchos grandes científicos no pueden ver otra cosa que lo maravillosos que ellos son. No pueden aceptar otra cosa que lo que ellos saben y descubrieron. Si la realidad no se ajusta a sus teorías, el problema lo tiene la realidad.

Es un pecado capital en el que muchos caen. Le ocurre a los políticos, líderes sociales, empresarios, científicos y a los deportistas. Se aferran tanto a sus paradigmas (modelos mentales) que estos se convierten en filtros sagrados que les impiden ver lo que no encaja en el patrón y ven solo aquello que su percepción selecciona y reconoce. En realidad lo que han hecho es cruzar la fina línea que divide la confianza de la soberbia. Ahora ya no escuchan y como no escuchan no aprenden. Y no aprender, en la sociedad del conocimiento, es morir.

Otro ejemplo de confianza convertida en soberbia es el de la Enciclopedia Británica. Su primera edición es de 1768 y rápidamente consolidó un fuerte liderazgo y prestigio. Siempre fue una enciclopedia muy completa y ya en 1801 ocupaba 21 volúmenes. A comienzos de la década de 1990, toda la enciclopedia equivalía a unos treinta volúmenes de unas trescientas páginas y trabajaban en su realización más de cien editores a tiempo completo y más de cuatro mil expertos. El precio de venta era superior a los mil dólares. En la década de 1980, Microsoft inició conversaciones con Enciclopedia Británica para realizar una versión en formato digital, pero Británica prefirió no hacerlo bajo el argumento de que le haría perder ventas de su edición en papel.

En 1991 el mercado de las enciclopedias era de aproximadamente US$ 1.200 millones y más de la mitad de las ventas (650 millones de dólares) eran de la Enciclopedia Británica.

Con la aparición de la tecnología multimedia, que permitía utilizar texto, imagen, voz y video y además condensar toda la enciclopedia en un CD-ROM, el mercado cambió para siempre. En 1993, Microsoft lanzó al mercado la enciclopedia *Encarta* por 99 dólares, que en realidad era una enciclopedia mediocre, la *Funk & Wagnall's*, reempaquetada en CD. La Enciclopedia Británica se confió tanto en su prestigio, que insistió en su estrategia de ediciones impresas, con un alto costo de impresión y precios de venta altos. En 1996, el mercado de enciclopedias había caído a los 600 millones de dólares y las ventas de la Enciclopedia Británica a 325 millones. Las ventas de Encarta llegaron a los cien millones de dólares, en un modelo de negocios altamente rentable (al no ser impresa, el costo de cada edición era muy bajo). Ese año la Enciclopedia Británica, con números en rojo, fue comprada por el multimillonario Jacqui Safra a una cifra muy menor al valor de mercado de comienzos de los noventa.

Hay muchos ejemplos de esto. Hemos utilizado principalmente empresas y organizaciones como unidades de análisis, pero las organizaciones no son otra cosa que las personas que las componen. De lo que estamos hablando es justamente de eso: de las actitudes y los comportamientos de las personas. Los ejemplos mencionados antes muestran a un colectivo de personas convencido de su éxito. Se podría mencionar muchos ejemplos en el deporte: equipos que son campeones un año, no cambian de jugadores ni de técnico y al año siguiente aparecen en el décimo lugar de la tabla de posiciones. Están tan seguros de sí mismos que se transforman en soberbios. Tienen tanta confianza en sí mismos que imaginan el futuro como una simple proyección del pasado. Piensan que por el hecho de haber sido campeones se ganaron automáticamente el "derecho" a volver a serlo.

La realidad muestra lo contrario: si no estamos dispuestos a empezar de nuevo todos los días, a evolucionar, a renovarnos, a abrir la mente y practicar el valor de la humildad como acicate para el progreso, nuestro destino es retroceder. Al decir de Ray Krock, fundador de la cadena McDonald's: "En el mundo de hoy uno avanza o va para atrás. No existe el quedarse quieto".

La frase "la semilla del fracaso está plantada en el éxito" quiere decir que la semilla que se planta es la de la soberbia. Los individuos que buscan superarse continuamente, que demuestran la actitud de mejora continua, no dejan que esa planta crezca. Para ellos el éxito es solo el inicio de un nuevo proceso de creación e innovación.

De la mejora continua a la innovación radical

En la literatura moderna sobre innovación, la expresión "mejora continua" ya es insuficiente y se está sustituyendo por expresiones como "innovación radical". En su libro *Leading the revolution*, Gary Hamel, dice: "El mundo está crecientemente dividido en dos clases de organizaciones: aquellas que no pueden ir más allá de la mejora continua, y aquellas que han logrado dar el salto a la innovación radical".

A lo largo de este libro hemos utilizado la expresión "mejora continua" con el doble significado: cambio incremental y radical. Nuestra experiencia nos muestra que no hay progreso sin innovación incremental ni radical, pero especialmente sin la última. La corriente académica y de práctica de cambio positivo Indagación apreciativa, con la cual nosotros trabajamos en X^n Partners, se plantea saltos de *performance* de +200, no de +2. Para transformar afirmativamente una organización, es necesario magnificar sus capacidades, lo que permite que la organización se desplace de un estado normal conocido a un estado normal superior. Se va más allá de la mejora continua y del "arreglo de problemas" y se da el salto a la innovación radical.

¿Cómo podría hacerlo mejor?

Convivimos a diario con muchas máquinas, estándares, y procesos que son altamente ineficientes, pero que están allí desde hace años y nadie los cambia. Por ejemplo, se sabe que la distribución del teclado conocido como QWERTY es altamente ineficiente.

Las primeras máquinas de escribir (en la década de 1870) funcionaban sobre la base de pequeños martillos, donde cada uno equivalía a una letra. Estos golpeaban contra una cinta entintada y así quedaban impresas las letras. La primera distribución de las teclas habría sido la alfabética, lo que se puede observar en los teclados actuales, porque hay una cierta secuencia de parte del abecedario (por ejemplo, en la fila del medio están d-f-g-h-j-k-l y abajo m-n y arriba o-p), pero eso rápidamente fue cambiado porque era frecuente que los martillos se atascaran cuando se escribía rápido. La solución que se aplicó en ese momento fue la de colocar las letras de mayor uso en lugares alejados entre sí y varias de ellas en los extremos. Al teclado se lo hizo más engorroso de forma deliberada para que así los dactilógrafos estuvieran obligados a escribir más despacio. Con ese cambio, los martillos golpeaban desde lugares distantes, lo que disminuyó los atascos. También se dice que como estrategia de ventas se decidió colocar en la fila superior las letras t-y-p-e-w-r-i-. Esto no se hizo porque mejorara la eficiencia del teclado, sino para que los vendedores pudieran mostrar las maravillas de las nuevas máquinas. Al hacer la demostración al cliente, escribían rápidamente la palabra *typewriter* ("máquina de escribir" en inglés), lo que no les significaba mucho esfuerzo, porque tenían todas las letras juntas.

Esta pésima distribución de las teclas comenzó a utilizarse hace más de 130 años y no se ha modificado hasta hoy. Ni siquiera la revolución informática la pudo cambiar. Hoy hay teclados ergonómicos, inalámbricos, con diseños divertidos, pero la distribución de las letras sigue siendo la misma.

El ancho de las ancas del caballo

Pero hay una historia aún más increíble. Es la del ancho de las ancas de los caballos. Durante el Imperio Romano (27 A.C., 476 D.C.) el ancho de los carros de guerra equivalía al ancho de las ancas de dos caballos, 4 pies y 8,5 pulgadas. Los romanos construyeron todos sus carros con la misma medida. La expansión del imperio llevó a que estos carros recorrieran Europa y dejaran marcados los primeros caminos internacionales, algo así como las primeras carreteras. Cuando aparecieron los carruajes, se fabricaron con el mismo ancho entre ruedas, para poder circular sin problemas por esos caminos. A su vez, cuando apareció el tranvía y el ferrocarril también se aplicó el mismo ancho y, en concreto, la distancia actual entre las vías de los ferrocarriles, en muchos países, corresponde al ancho de los carros romanos. La medida es de 4 pies y 8,5 pulgadas, o 143,51 cm (o el ancho de las ancas de dos caballos) y fue definida hace unos dos mil años.

Esta medida condiciona el ancho de los trenes de hoy, que podría ser mayor, lo que a su vez condiciona a otras industrias que utilizan el tren como medio de transporte de carga, que se ven obligadas a ajustar la fabricación de sus máquinas a este ancho, porque de lo contrario no podrían ser transportadas por ferrocarril.

Dejar las cosas como están

Estos dos ejemplos ilustran dos cosas. Una primera, que podría ser positiva, es la de aprovechar lo existente, un estándar o infraestructura muy difundido y aceptado, para innovar a partir de ahí. En el caso de la máquina de escribir, resulta más práctico no cambiar el teclado ya que millones de personas en el mundo se han formado escribiendo en el teclado *qwerty* y habría que volver a capacitar a todos nuevamente. En el caso del ferrocarril, la idea es aprovechar la enorme infraestructura existente. Cuando la novedad es compatible con lo existente, sea la habilidad mecanográfica o inversiones pasadas en activos fijos, mayor es la probabilidad de su aceptación y más rápida su difusión.

Pero hay una segunda lectura de estos ejemplos y es la incapacidad de cuestionar. Hay muchas "cosas establecidas", muy difundidas, y que por mucho tiempo se creyó que eran "imposibles de cambiar", que fueron cambiadas (por ejemplo, las cajas de los bancos por cajeros automáticos) y que están siendo cambiadas ahora (por ejemplo, se está procesando el pasaje de la televisión analógica a la digital). Hay muchas cosas

---

que se "hicieron siempre así" que ya están obsoletas, y que es necesario cuestionarlas y cambiarlas. Lamentablemente, nos encontramos todos los días con organizaciones y países con esta incapacidad de cuestionar lo que se hizo, lo que impide reformular, transformar y lograr nuevos niveles de excelencia. Es una de las causas más importantes del atraso en muchas organizaciones. La actitud de aceptar sin cuestionar, por el simple hecho de que "ya estaba así" lleva a las personas a mantener el status quo y a involucionar. Es la actitud que explica la oposición al progreso.

Hay muchos ejemplos que muestran la actitud contraria a los casos citados de los teclados y del ancho de las vías de ferrocarril, de personas que cuestionaron lo que todos consideraban "imposible de cambiar". Uno de ellos es *Starbucks*. A fines de la década de los ochenta, se decía que en Estados Unidos era imposible desarrollar un negocio a gran escala de cafeterías de calidad, porque los estadounidenses tomaban café muy liviano, al que muchos despectivamente llamaban "jugo de paraguas". La cafetería de estilo europeo era, según la opinión predominante, solo un gusto de minorías. A comienzos de los noventa el empresario Howard Schultz inició la expansión de *Starbucks* que existía desde hacía más de quince años en Seattle y demostró que los estadounidenses preferían un buen café a un mal café. Hoy existen aproximadamente diez mil cafeterías *Starbucks* en Estados Unidos, en las que se puede beber un buen "café expresso" o la variedad que se desee. Inclusive Schultz llevó ese negocio a otro nivel. A la idea de "un tercer lugar en la vida de las personas" (tu hogar, tu trabajo y *Starbucks*) donde finalmente el café se transformó en un complemento.

Dos trabajos

Esta actitud de no cuestionar, de aceptar como inamovibles ciertas creencias o prácticas, es muy común y muy negativa. Es la actitud de "esto se hace así porque siempre se hizo así".

Cuando escuchamos o leemos sobre casos como los mostrados en este capítulo, los vemos como casos interesantes, hasta eventualmente curiosos. Nos cuesta aplicar estos conceptos a nosotros mismos. En mi larga experiencia he tenido la suerte de conocer a muchos que llevan en su interior una especie de inquietud innata. Siempre están queriendo evolucionar. No se conforman con el status quo. Saben que el éxito en el mejor de los casos es efímero. Saben que hay que festejar las victorias, los logros. Pero que al día siguiente es necesario mejorar, una vez más, lo ya hecho. Es imprescindible innovar, pensar, cuestionar y continuar con la evolución en forma permanente. Estas son las personas con actitud de mejora continua. No aceptan el "siempre se hizo así". Desafían la "sabiduría establecida".

Las personas con actitud de mejora continua actúan diferente. Se preguntan: "¿Cómo podría hacerlo mejor?".

En las organizaciones, cuando contratamos a nuevos empleados, debe ríamos explicarles que van a tener un empleo pero dos trabajos. El primer trabajo es "T", que consiste en realizar las todas las tareas necesarias para las lograr los objetivos de esa función. Deberíamos dejarle claro los objetivos, las necesidades de logros de esa posición y deberían medirse estos logros con indicadores de desempeño.   El segundo trabajo es "TT", que es la Transformación del Trabajo (TT). Además de cumplir con las tareas diarias para el logro de los objetivos planteados, la persona fue contratada para que piense cómo puede realizar de mejor forma el primer trabajo (T), cómo puede hacerlo de modo más eficiente, mejor. Debe desarrollar la función para la que fue contratado de forma diferente, mejor, mas eficiente.

En mis años de gestión, generalmente en las entrevistas con jóvenes que se postulaban a trabajos les decía: "¿te dijeron que tenés un trabajo? ¡Pues te mintieron! Tenés dos: el que tenés que hacer (T) y uno más importante: la transformación de ese trabajo (TT). Además de hacer tu trabajo, esperamos que tú nos digas cómo debe ser reformulado, transformado o eliminado. Es la única forma en la que podrás crecer en la organización. Ganándote un lugar en la transformación".

Un caso que podemos mencionar es el de los dactilógrafos que trabajaban en los periódicos a fines de los ochenta y comienzos de los noventa. En la prensa era habitual que los periodistas escribieran sus artículos y los dactilógrafos los tipearan para ingresarlos al sistema para su compaginación. Pero a comienzos de los noventa, con la llegada de las computadoras a las redacciones de los medios de prensa escrita, los periodistas escribían sus artículos y los ingresaban directamente al sistema. Algunos textos siguieron tipeándose, pero eran muy pocos. Luego llegó la tecnología de OCR, de reconocimiento óptico de caracteres y con un escáner era posible "levantar" el texto desde una hoja y luego -con una rápida corrección- quedaban listos para utilizar en el sistema. La mayoría de los tipeadores se quejó, protestó... pero se quedó sin trabajo. No todos adoptaron la actitud de quejarse... y quedarse sin empleo. Conozco el caso de una dactilógrafa de un diario uruguayo que adoptó la actitud de transformar su propio trabajo. Se acercó a un técnico de sistemas y le pidió que le enseñara a usar el *escáner* y el *software* de OCR. Con el tiempo, cada vez que se necesitaba levantar un texto se lo pedían a ella. Incluso muchos periodistas lo adoptaron como un servicio útil. Le pedían que les escaneara un artículo de una revista o un comunicado de prensa que habían recibido. Luego esta joven aprendió también a escanear y retocar fotos y muchas veces ayudaba al departamento de arte cuando estaba muy atorado de trabajo. En concreto, transformó su viejo empleo de dactilógrafa en el de una operadora múltiple que bien podía tipear un texto, utilizar el *escáner* para el reconocimiento óptico de caracteres o retocar una foto. Transformó su trabajo y conservó el empleo.

En este caso está claro que si ella no se cambiaba a sí misma, su futuro era negro. Pero hay muchos casos en los que esta urgencia no es tan evidente. Es así que muchas personas siguen haciendo su tarea de la misma manera que la han hecho siempre. Adoptan una actitud que es suicida: "mientras nadie diga nada, mejor dejar las cosas como están". El tiempo pasa y lo que antes no era urgente o evidente, cambia. Hasta que alguien se da cuenta de que esa tarea lleva años haciéndose de una forma ineficiente o que incluso que ya no es necesaria. Y ahí es cuando la persona "se va con el trabajo".

De nada vale quejarse, patalear, porque la responsabilidad es de uno mismo. La tecnología avanza y es bueno que siga avanzando. Los empresarios deben buscar las formas más eficientes de producción, porque si hicieran lo contrario serían malos empresarios. Somos nosotros los que debemos hacernos cargo de mejorar nuestro trabajo. Cada uno debe estar permanentemente pensando cómo hacer las tareas de forma eficiente. Si no lo hacemos nosotros, en algún momento alguien lo va hacer por nosotros.

En la Sociedad del Conocimiento y en los tiempos en que vivimos, estos procesos de transformación del trabajo ocurren continuamente y cada vez más rápido. Recordemos la frase que dice que "los que dicen que algo no se puede hacer son generalmente interrumpidos por alguien ¡haciéndolo!". Muchas personas y, por lo tanto, muchas instituciones públicas y privadas terminan siendo rehenes del pasado, de lo ineficiente, porque no han entendido que cada persona también es responsable por hacer su segundo trabajo (TT), por mejorar la forma en que se realizan las tareas. Si lo hicieran dejarían de ser rehenes y podrían comenzar a controlar más su destino, sentirse más realizados, continuar agregando valor y evolucionar como individuos. La incapacidad para manejar la renovación personal es una desgracia individual y colectiva. Es una discapacidad psicológica y social que merece la máxima atención del liderazgo. Liderazgo no es hacer lo que la gente quiere, es invitar a la gente a ir a un lugar al que nunca hemos ido porque es mejor para todos. Y este viaje implica actitud de aprendizaje y cambio personal.

A los líderes les cabe una enorme responsabilidad en este cambio de una actitud conformista a una actitud de autosuperación continua. Son los principales responsables de la implantación de una Cultura del Cambio. Deben inculcar y fomentar la pasión por el cambio, por la transformación, por la actitud de desafío. Deben alentar a las personas para que se propongan hacer cosas nuevas, más allá de lo que piensen los demás, más allá de que los otros piensen que son imposibles. Saben que eso las hará más fuertes, más libres y más ricas, incluso de manera material.

Disciplina

La mejora continua no es solo hacer tormentas de ideas, ser innovador y caóticamente creativo. Se requiere también de mucha disciplina. Mario Vargas Llosa, uno de los mayores escritores latinoamericanos del siglo XX, dijo en una ocasión que él escribía de manera disciplinada, todos los días y con un horario. No esperaba a que la inspiración le llegase para sentarse a escribir. Decía que cuando la inspiración le llegaba prefería que le ocurriese cuando estaba sentado frente a la computadora escribiendo. Sus obras las construyó día a día, empujándolas todos los días un poco.

Una de las cosas que observamos mucho en las empresas y que explica porqué a mucha gente innovadora y creativa a veces no le va muy bien, es porque carece de un sistema de reglas de conducta a seguir con tenacidad. No es lo mismo una idea que una obra. La idea es el comienzo, la chispa que da inicio a un cambio. El arquitecto puede tener una idea genial, planos extraordinarios, pero eso no construye la casa. Para que la casa se construya hay que crear, construir, trabajar, durante horas y días, semanas, meses hasta que la obra se haga realidad.

Por ejemplo, hay muchas personas que tienen muy buenas ideas de marketing, para captar nuevos clientes o para ampliar la cartera de productos y servicios a clientes existentes. Sin embargo, son pocos los que han incorporado la disciplina de la adquisición y el cultivo de clientes, que implica el seguimiento tenaz de todas las etapas por las que tiene que pasar una persona u organización para convertirse de prospecto en comprador frecuente. Para transformar un cliente potencial en comprador frecuente, es necesario que todas las semanas se revise lo que en gestión llamamos *sales pipeline* y *sales forecast*. El *sales forecast* es la proyección de ventas posibles en un período de tiempo. El *pipeline* es el proceso de venta que está dividido en una serie de etapas, que deben ir cumpliéndose para lograr los resultados esperados. Para que el cliente potencial avance en el *pipeline* y para que el *sales forecast* se cumpla, se necesitan más que buenas ideas. Es necesario, por ejemplo, que todos los lunes a las nueve de la mañana revisemos ambos reportes para intentar que el cliente potencial pase, por ejemplo, de "interesado en nuestra oferta" a "solicitó una propuesta". Para hacer que las cosas ocurran, para lograr la mejora continua, se requiere de rutina, de disciplina, de sistematización. Eso es tedioso, eso da mucho trabajo, pero es la manera de mejorar continuamente. Luis Cubas, Director Ejecutivo de Isbel, le llama a esto "empujar los caracoles", empujar cada uno de los temas, que avanzan lentos como un caracol, de manera de lograr los resultados buscados. Luis y su equipo lo hacen de forma sistemática. No se trata de reunirse una vez cada tanto para ver cómo van las cosas. Se debe establecer una rutina. El equipo que reporta Luis, semanalmente, (el mismo día de la semana a la misma hora) revisa los indicadores claves, analiza desviaciones, toma decisiones y coordina el trabajo. Asimismo cada uno de los gerentes tiene preasignada su hora para chequear el progreso de su unidad. A su vez, cada gerente tiene su rutina con sus equipos respectivos. Toda la organización mantiene el ritmo de las reuniones de revisión y acción. Ese es el método que Luis describe como "empujar los caracoles" y, a pesar de parecer tedioso, es la disciplina que permite avanzar.

Afilar la sierra

El dilema del leñador que tiene un bosque para talar es el mismo dilema que tiene cualquier persona frente a casi todos los asuntos vitales. En algún momento, si no se detiene para afilar la sierra o el hacha, va a terminar pegando contra los árboles con un objeto redondeado sin filo. Debe detenerse, afilar la sierra, y volver a la tarea. Para progresar en el trabajo y en casi todo lo que hacemos en la vida, no se trata de elegir entre producción y capacidad de producción, hay que elegir las dos en su correcta medida y de forma balanceada.

Esa es una de las cosas que en general las personas no hacen en las organizaciones.

No paran nunca. Siguen con la operación diaria, con su tarea y no paran nunca para revisar su trabajo. Le dedican un minuto a todo pero nunca una hora a nada. Poco a poco se van "desafilando", van perdiendo cualidades y haciendo las cosas peor y con más esfuerzo o menor productividad. Con el paso del tiempo, a veces casi sin darse cuenta, van aceptando pequeñas desviaciones con respecto a las buenas prácticas que terminan convirtiéndose en cambios importantes, que afectan negativamente la productividad y la calidad.

Para mantener la calidad, para mejorar, es necesario detenerse de forma periódica y preguntarse cómo podemos mejorar lo que hacemos, cómo podemos hacerlo distinto. Por ejemplo, dedicar un día entero y poner toda la energía que sea necesaria en repensar la tarea, "afilar la sierra" y luego continuar talando el bosque. Siempre me acuerdo de un dicho que dice que si tuviese una enorme sequoia para talar y tuviera tan solo una hora para hacerlo, por lo menos debería dedicar quince minutos a asegurarme de que la sierra esté bien afilada.

El hábito de "afilar la sierra", metáfora de Stephen R. Covey, de aprender continuamente, de mejorarse a uno mismo, a otros y al trabajo, produce incomodidad; y por eso muchas veces la gente se mantiene haciendo lo mismo, día tras día. La actitud de mejora continua es un déficit en muchas personas y organizaciones, lo que luego dificulta innovar y mejorar, dos tareas ineludibles para convertirse en una persona, empresa o país productivo. No se consigue esto último sin la primera.

Ser subdesarrollado es una elección

Thomas Friedman, columnista del *New York Times*, escribió un libro titulado *La Tierra es Plana*. Es su último best seller y un libro que -en mi opinión- todos los líderes sociales, políticos, sindicales, empresariales en Uruguay deberían conocer de memoria. Aun me sigue impresionando que los líderes en Uruguay y en muchos países de América Latina no miren hacia fuera y no acepten las abundantes y contundentes evidencias de cómo se crea prosperidad en el mundo. El libro de Friedman lo explica claramente. Y no solo lo hace Friedman. Hay cientos de autores, que con mayor o menor capacidad, en menor o mayor extensión, brindan análisis y datos relevantes sobre este tema. Antes se podía decir que muchos líderes no adoptaban ciertos caminos porque los ignoraban. Pero hoy es imposible ignorar todo esto. Si equivocan los caminos es por decisión propia. Es porque escogen, porque prefieren vivir en un país subdesarrollado.

En 2007, Friedman estuvo en Uruguay y junto con otros uruguayos tuve la oportunidad de compartir un desayuno de trabajo con él. En el desayuno, Friedman fue bien explícito. Los siguientes son algunos comentarios que realizó y de los que yo tomé nota:

- Ser subdesarrollado es una elección.

- No hay excusas, no hay secretos, todo esta allí expuesto a los ojos de todos (la internet hizo eso).

- Nadie puede frenar a nadie.

- Todo lo que pueda hacerse va a ser hecho. Si *tú* no lo haces, *te* será hecho *a ti*. No tienes a nadie a quien echarle la culpa sino a ti mismo.

- Debería haber una especie de "club" de países, similar a la organización de Alcohólicos Anónimos, donde te tenés que poner de pie, decir tu nombre y luego admitir: "Soy subdesarrollado".

La cantidad de países que han tenido éxito, que han crecido generando prosperidad y que hemos visto en el mundo, nos han dejado la receta técnica para resolver el problema del progreso económico y social. Tal receta no es original para Uruguay. De hecho, en la era de la globalización, la receta técnica para crear riqueza es prácticamente una sola. Son los modelos mentales que predominan en los líderes lo que les impide tomar las acciones para salir del subdesarrollo. Necesitamos un liderazgo con el suficiente coraje como para hacernos poner de pie a todos y decir: "Somos subdesarrollados, es nuestra culpa, queremos cambiar".

Los médicos y la artrosis

Todos somos muy exigentes con... los demás. Cuando tenemos que decir que algo tiene que cambiar o mejorar, con facilidad extendemos el brazo y el dedo índice y señalamos a… los demás. Acostumbro a decir que en Uruguay y en muchos países de América Latina sufrimos de una artrosis congénita en el codo, que nos impide doblar el brazo y señalar hacia... nosotros mismos.

Por ejemplo, somos particularmente exigentes con los médicos. Digo "médico", porque se trata de una profesión relacionada con temas como el sufrimiento y la muerte y a la que todos sabemos cómo y qué exigir.

Bien que hacemos en exigir. Nadie aceptaría que un médico esté desactualizado o no esté lo suficientemente capacitado. No permitiríamos que alguien así que nos atendiera, ni que tampoco atendiera a nuestros seres queridos, ni a nadie. Nos resultaría inaceptable, por ejemplo, que un médico provoque o no alivie un dolor insoportable o provoque o evite la pérdida de una parte del cuerpo porque "no sabe hacer algo" o porque "siempre lo hizo así". Si nos encontramos con un médico así, lo denunciamos, y sin duda evitamos por todos los medios que estén cerca de nosotros.

Exigimos a los médicos que conozcan los últimos avances en técnicas médicas, que apliquen las últimas tecnologías y que diagnostiquen e indiquen los tratamientos apropiados. Sabemos que un error médico puede resultar en mutilaciones, en sufrimiento, o en la muerte.

Pero muchas personas que son muy exigentes con los médicos, no se exigen a sí mismos de igual manera. No se dan cuenta que al no hacerlo, aunque no sean médicos, la gente también les huye. Los clientes quieren que otra persona los atienda, que otra persona les venda, que otra persona repare su equipo.

Los individuos con éxito se exigen a sí mismos como si fueran un médico. Rompen con la artrosis del codo que les impide que su dedo índice los señale a sí mismos. Se exigen mejorar. No importa si trabajan en ventas, en soporte técnico, en comunicaciones o en finanzas. Siempre procuran estar en su mejor forma, capacitarse, desarrollar nuevas habilidades, buscar mejores formas de hacer su trabajo, conocer y aplicar las últimas técnicas y ser más productivos.

Lo que he observado en las personas con actitud de mejora continua

Controle su destino o alguien lo hará por usted, es el título de uno de los libros sobre el trabajo de Jack Welch, quizás el mejor Director Ejecutivo de las ultimas décadas y claramente uno de los más grandes empresarios del siglo XX. Las personas con actitud de mejora continua buscan controlar su vida, controlar su destino. Y para lograrlo:

Se preguntan "¿no habrá una mejor manera de hacer esto?"

Una persona con actitud de mejora continúa se pregunta "¿Cómo puedo hacerlo mejor?". Si su tarea es la de poner sellos, se pregunta, por ejemplo, "¿No habrá una máquina para poner sellos?" Se cuestiona lo que hace y busca innovar.

Aceptan y buscan el cambio porque lo consideran una oportunidad

Los individuos que tienen éxito saben que el cambio está "instalado" y que el futuro cada vez llega más rápido. Tienen la certeza de que las cosas cambian y que cada vez cambian a mayor velocidad. Los individuos que tienen éxito abrazan el cambio sin escepticismos y sin miedo al fracaso. Muy por el contrario, lo hacen con pasión y con entusiasmo.

Cuestionan todo

Las personas con éxito tienen la capacidad y el deseo de cuestionar todo. Son tremendamente exigentes. Nunca están conformes con los resultados o con la forma en cómo se están haciendo las cosas. Pero no es una exigencia paralizante, que impide la transformación. Cuestionan de manera positiva y creativa y así alientan a cambiar. Son "cuestionadores", no "críticos esféricos".

Se cuestionan a sí mismos

Son humildes. Además de cuestionar lo que los rodea, se cuestionan aún más a sí mismos. Antes de ser exigentes con alguien, son exigentes consigo mismos. Antes de demandarle algo a alguien, se lo demandan a sí mismos. Su pregunta favorita es: "¿Cómo puedo ser yo mejor?" Por más alta que sea la posición que ocupan en una organización, saben que primero tienen que mejorar ellos. Por más éxito que tengan, llevan en su interior esa noción de evolución. Siguen escuchando, aprendiendo y desarrollándose a sí mismos. Siguen trabajando para mejorar la tarea que tienen a su cargo y eventualmente sustituirla por otra mejor.

Saben que la prosperidad no se hereda

Si son empresarios, saben que la prosperidad no se hereda y que las diferencias competitivas que los llevaron hasta allí, por mejores que hayan sido, necesitan ser revisadas permanentemente, porque son intrínsecamente efímeras. Saben que todos los monopolios son temporales, incluso los que solían llamarse naturales. Conocen la diferencia entre la confianza y la soberbia. Saben que la semilla del fracaso está sembrada en el éxito.

Mejoran sus habilidades, se desarrollan a sí mismos

Las personas exitosas desarrollan de forma continua habilidades nuevas y mejoran las que ya tienen. Se preguntan con frecuencia: "¿estudiamos tanto como podemos?, ¿todos los días hacemos un esfuerzo por mejorarnos, por hacer mejor la tarea que tenemos asignada?". Aspiran a ser personas valiosas más que personas de éxito. Se proponen agregar valor todos los días, cuando actúan y hablan, a su organización y a los demás. Einstein decía: "Es mejor ser un hombre de valor que un hombre de éxito". Las personas con actitud de mejora continua están permanentemente preocupadas por aprender a hacer más cosas y a hacerlas mejor.

Son responsables de su superación personal

Los individuos que tienen éxito sienten que su capacitación, el desarrollo de sus habilidades, sus *skills* (en inglés), es su responsabilidad y que ésa es su manera de evolucionar. Saben que para mejorarse a sí mismos deben invertir de forma perma-

---

nente en desarrollo. En una empresa el desarrollo es responsabilidad del gerente y del empleado. De los dos. El gerente debe dar los medios y mecanismos para que sea posible, pero el empleado es quién debe poner su tiempo y su empeño y adquirir las *skills* y aplicarlas. Aquí hay que citar nuevamente la frase de Michael Jordan: "There is an i in win". Las personas con éxito saben que para ganar, para que a la organización le vaya mejor y, por tanto, a ellos también, ellos son responsables de ser cada día mejores.

Cómo son las personas que no tienen actitud de mejora continua

Las personas que no demuestran la actitud de mejora continua hacen las cosas de la manera en que siempre se han hecho, porque así se hacen. No las cuestionan. Otros le dicen lo que tienen qué hacer y cómo hacerlas. Cuando las cosas no están bien o no les gustan, se quejan o protestan, pero no las cambian. Siempre piensan que es otro quien lo debe hacer.

Hay una canción del Cuarteto de Nos, grupo de rock uruguayo ("Así soy yo", del *Álbum Raro*), que es una síntesis poética grotesca y cruda de la actitud de muchas personas a las que no les interesa mejorar. Les copio una parte de la letra.

con todo el mundo
estoy a mano
como no juego
ni pierdo, ni gano
no tengo mucho
ni tengo poco

como no opino
no me equivoco
y como metas
yo no me trazo
nunca supe

lo que es un fracaso
no estuve arriba, ni abajo
ya ni mejoro
ni voy a empeorar
y como nunca empiezo nada
no me pone ansioso poder terminar

Diálogo

Los individuos que tienen la chance de tener éxito constantemente se hacen preguntas del estilo:

"¿Cómo puedo hacerlo mejor?" "¿Y si probamos...?"

"¿Por qué no?"

Preguntar: "¿Por qué no?" o "¿Qué pasaría si...?" es el inicio de un diálogo generativo, constructivo. ¿Qué pasaría si...? es una pregunta poderosísima, que inaugura el descubrimiento de escenarios posibles, que abre las ventanas a la creación, que pone la cabeza a trabajar en el futuro, a construir algo nuevo.

La pregunta: ¿Por qué no? es el inicio de todas las innovaciones, permite pensar en posibilidades. Alguien, una vez, preguntó: ¿por qué no podemos tener una cámara que revele las fotos de forma instantánea? Fue así que nació *Polaroid*.

Las personas con actitud de mejora continua casi nunca califican como mala una idea. Para ellos todas las ideas son buenas. Las pueden ver como ideas que requieren un mayor o menor desarrollo, pero nunca las desechan.

Saben que muchas ideas que fueron calificadas como malas, en realidad terminaron siendo geniales, solo que las personas no supieron comprender su potencial en ese momento.

Leonardo da Vinci, uno de los grandes genios de todos los tiempos, tuvo muchas ideas que estaban adelantadas a su época. Por ejemplo, inventó "una máquina de volar", pero nunca pudo lograr que volara porque las técnicas de la época no estaban lo suficientemente avanzadas como para construir esa máquina. Siglos después, se comprobó que la idea era perfectamente realizable. Algo similar le ocurrió a Charles Babbage, que a comienzos del siglo XIX diseñó una computadora (Máquina Diferencial) y luego la mejoró (Máquina Analítica), pero no pudo fabricarla. Se requerían piezas muy precisas y la tecnología de la época no le permitía lograr tal nivel de precisión.

Pasaron varios siglos entre el momento en que Da Vinci concibió su máquina de volar y la fabricación de la primera aeronave. Pasaron algo más de cien años entre el momento en que Babbage concibió la Máquina Diferencial y la fabricación de la primera computadora.

Pero en la sociedad actual todo ocurre más rápido y lo que hoy no se pudo hacer por alguna razón, en breve se podrá. El futuro llega muy rápido. En 1996, un joven estudiante de la Universidad de Stanford, le comentó a su supervisor académico que planeaba bajarse toda la Internet a su computadora. En aquel entonces Internet no era tan grande como ahora, pero igualmente era muy grande. Además le dijo que estimaba que le tomaría una semana completar el proyecto. Al cabo de un año había logrado bajar tan solo una pequeña porción. Años después, cuando este joven narró la anécdota a estudiantes de una universidad en Jerusalén, lo hizo riéndose y diciendo que su frase favorita era que "hay que tener una sana indiferencia ante lo imposible". Ese joven es Larry Page, fundador de Google. En marzo del 2009, Forbes estimaba su fortuna en 12 mil millones de dólares. Google hoy es el mayor buscador de páginas de Internet y una de las empresas líderes en el sector tecnologías de la información y comunicaciones.

Comencemos ya mismo

En el año 2005 desarrollamos en X^n la colección "Casos prácticos para la toma de decisiones", que fue publicada por el diario *El Observador* (Uruguay), para ayudar a emprendedores y nuevos ejecutivos a aprender este "arte liberal" que es la gerencia. Allí contamos una historia de nuestra propia práctica, cuyo título es "¿Cómo trabajar más rápido?", en el que se puede observar cómo dialogan e interactúan las personas con actitud de mejora continua. Estos individuos se plantean situaciones imposibles, se desafían unos a otros, aceptan el cambio y actúan.

El caso tiene como personaje a Antonio, un Gerente de Satisfacción del Cliente que detecta que los clientes se quejan mucho del excesivo tiempo que toma ejecutar una garantía: se demora nueve días en reponerle el producto y veinte días en devolverle el dinero. Convoca a una reunión, con todas las partes involucradas y plantea: "Los clientes no están dispuestos a esperar días, sino horas". En esta colección, luego de presentar cada historia se analizaba el desafío que representaba y en este en particular se decía: "El dilema que enfrenta el protagonista de la historia es: ¿sigo arreglando el viejo proceso o diseño uno nuevo?". En cualquiera de las dos situaciones, es muy interesante observar que lo que se busca es cambiar y mejorar los tiempos y así tener clientes más satisfechos. Luego venía una "Solución", con un diálogo muy jugoso, que lo transcribo:

"En lo que estoy pensando es en lo siguiente", respondió Antonio. "Una pregunta para todos: ¿Es posible bajar el proceso de 20 a 19 días?". Alguien contestó. "Y... sí". Antonio insistió: "¿Y a 18?". "Sí", fue la respuesta. "¿Y a 15?". La respuesta fue "Noooo". Antonio hizo un gesto de picardía y dijo "¿y bajarlo de 20 días a 20 minutos?". Todos rieron y sorpresivamente se hizo un silencio que duró varios segundos. De pronto, Federico, Jefe de Compras, dijo: "Bueno, no es posible si seguimos trabajando así". Antonio se levantó y gritó "¡Bien!". Alicia también se paró y agregó: "Claro: debemos cambiar el proceso. Comencemos ya mismo".

Quinta parte
Actitud de Responsabilidad - Dueño

Se sienten dueños

Hay otra historia que me contó mi padre y con la que aprendí mucho… Mi padre fue empleado de un banco durante muchos años. Ocupó un cargo gerencial en un banco que cerró. Siempre le escuchaba decir que al banco le iba a ir mal y la razón era que muchos de los compañeros de trabajo y sobre todo jerarcas de la organización no estaban haciendo las cosas bien. No los veía poner el esfuerzo necesario para que el banco funcionara. Noche tras noche mi padre llegaba a casa molesto y comentaba que las cosas iban de mal en peor.

Lo que más me impresionaba y me sigue impresionando es lo que decía y sigue diciendo sobre el compromiso de la gente. Mi padre trabajaba mucho, pero lo que más me impresionaba era su involucramiento; no eran solo las horas que le dedicaba al trabajo sino la emoción con la que lo hacía. Dejaba bien en claro que se sentía mal al no ver el mismo compromiso en sus superiores y colegas.

Finalmente pasó lo que él predijo: el banco cerró. Mi padre se quedó sin empleo, a una edad en la que era difícil reubicarse en el mercado laboral.

Él era especialista en negocios de exportación y tiempo después logró emplearse en un frigorífico. Al poco tiempo de comenzar a trabajar, un día me cuenta algo que me marcó para siempre. Yo era muy joven, recién estaba haciendo mis primeras armas como trabajador. Me contó que un compañero en el frigorífico tenía una empresa propia y que llegaba fuera de hora a la oficina y se iba en la mitad de la tarde para atender sus cosas. No ponía todo el esfuerzo y toda la energía necesaria para hacer que el frigorífico funcionase. Mi padre dedicaba muchísimas horas para sacar el trabajo adelante. Un día fue y encaró a este compañero de trabajo. Le dijo: "A mí me parece muy bien que tengas otro trabajo, que tengas tu propia empresa y que trates de hacerla funcionar. Me parece muy bien. Pero esta empresa es la que a mí me sirve. Este es mi trabajo. Esta es mi empresa. Esta es la empresa que tenemos que sacar adelante. Y si vos no querés estar acá, porque tenés otro negocio, hacelo, pero entonces dejale el lugar a otro que venga a trabajar con nosotros y saque esto adelante. Esto es lo que me sirve, es mí trabajo y yo tengo que pelear por él".

Mi padre no era jefe de esta persona, eran pares. Pero el hecho de encararlo así, con la autoridad de "esto es mío", de decirle que él deseaba hacer que las cosas funcionaran, que quería que a la empresa le fuera bien, porque necesitaba que le fuera bien, porque "esto me sirve a mí también", me pareció admirable. Enfrentó un problema de actitud, desempeño y compromiso de otra persona. Que un jefe le exija a un empleado que cumpla con su tarea es algo propio de la tarea del jefe. La lección que me dejó y me llegó más de esta historia fue que mi padre era un par de esta persona, no había relación de supervisión.

Este es un excelente ejemplo de actitud de responsabilidad individual, combinada con actitud de equipo. Mi padre en ningún momento le hizo pagar al cliente las actitudes equivocadas de otras personas de la empresa. Cuidó al cliente, cuidó a la empresa: y a mí, su hijo, me mostró lo que es una actitud de responsabilidad.

Cuestión de palabras

Hay un término en inglés, *ownership*, que significa "propiedad" y viene de *owner*, "ser propietario" o "ser dueño", y hay otro que es *accountability*, que deriva de *accountable* y que significa "hacerse cargo". Para mí, ambos significados están en la médula del concepto de responsabilidad individual. En español es difícil encontrar una palabra que por sí sola integre la idea completa de lo que para mí es la cuarta actitud para el éxito. Finalmente escogí la palabra responsabilidad, a pesar del riesgo de ser interpretado en un solo sentido, el más comúnmente utilizado en español: las personas responsables son las que dan la cara por sus decisiones y por sus actos, en el trabajo y en la vida.

Cuando utilizo aquí la palabra responsabilidad o la palabra "dueño" de lo que hablo es de dos cosas al mismo tiempo, tal como ocurre en la historia que recién contaba sobre mi padre. Por un lado hablo de la responsabilidad en el sentido más tradicional, la que antes mencioné, que es la de afrontar los hechos, de dar la cara. Pero por otro lado, también quiere decir que son personas que se "hacen cargo" de las cosas, que sienten que la empresa o la organización es algo propio y que por más que no sean accionistas o propietarios, se sienten dueños en el sentido de que asumen la responsabilidad de desempeñarse en su máxima capacidad y de aportar para que a la empresa le vaya bien.

En IBM ocupé diferentes cargos, de mayor o menor jerarquía, pero siempre sentí que la empresa era mía, no en el sentido económico de la palabra, sino en el sentido emocional.

Libertad

La responsabilidad está intrínsecamente unida a la libertad, van de la mano. Para ser libre hay que ser responsable. En el fondo, cuando somos responsables somos arquitectos de nuestro propio destino.

Las especies animales responden de manera directa ante los estímulos. A determinado estímulo, le corresponde una determinada respuesta. Todo está predeterminado. La información genética que ha sido acumulada en su ADN durante milenios funciona como un gran manual de instrucciones de comportamiento.

En cambio, los seres humanos tenemos el gran privilegio de tener un cerebro inteligente, y entre el estímulo y la respuesta nuestro cerebro interviene y nos permite elegir libremente. Entre el estímulo y la respuesta, siempre está la libertad para elegir la respuesta.

Quien decide libremente lo que hace es controlar su vida y construir su propio destino. Quien no decide libremente deja su vida en manos de los demás. No controla su destino, se convierte en víctima de las circunstancias.

Es frecuente confundir libertad con otros comportamientos, como la rebeldía, la queja, la demanda y el reclamo. Hay un libro de un pensador francés, Pascal Bruckner, cuyo título resume muy bien este comportamiento: *La tentación de la inocencia*. El que se rebela, el que se queja, el que demanda o reclama, se coloca en la posición de inocente, no asume responsabilidad por los hechos. El responsable siempre es otro.

Erich Fromm analiza muy agudamente este problema en su libro *El miedo a la libertad*. Ser libre, dice, trae consigo la angustia de hacerse cargo de lo que uno hace. Cuando uno es verdaderamente libre toma sus propias decisiones y estas decisiones tienen consecuencias, que pueden ser buenas o malas. Y hay que hacerse responsable en ambos casos. Hay muchas personas que prefieren rehuir de la responsabilidad, porque no quieren ser responsables de lo que sale mal, pero al hacerlo renuncian a su libertad.

Herencia y pasado

En mis conferencias utilizo con frecuencia la expresión de que hay personas que explican sus actos por la forma en que se alinearon los planetas. Es una manera exagerada de decir que son personas que buscan las causas de sus fracasos en algo externo.

Quienes demuestran la actitud de responsabilidad saben que sus fracasos son suyos y no pierden su tiempo justificándose por lo que otros hicieron en contra de ellos. Esos "otros" no son solo personas, muchas veces son sistemas o "el sistema": es el gobierno, la devaluación, la lluvia, o incluso Júpiter que está en una posición que influencia de modo negativo. Pensar que los planetas se alinearon, tanto a favor como en contra nuestra, es manifestar una soberbia enorme.

En la cultura latinoamericana este comportamiento además está exacerbado. La culpa de lo que nos ocurre, nuestra realidad, es de los demás. O fue de lo que "nos hicieron" en el pasado. Lo cierto es que no podemos seguir echándole la culpa al pasado. Es como seguir justificando nuestros fracasos porque nuestros padres hicieron tal o cual cosa cuando nosotros éramos niños. Superar esas circunstancias, "desengancharse" de esas herencias y tomar control de nuestras vidas, como individuos, como ciudadanos y como país, es nuestra responsabilidad. Debemos asumir la *responsabilidad* de construir un futuro mejor. Además, si no nos desenganchamos nos convertiremos en un nuevo eslabón de esa herencia transmitiéndola a las futuras generaciones y a nuestros hijos. Recuerde: como seres humanos, muchas veces no podemos cambiar las circunstancias (la herencia, por ejemplo) pero poseemos la libertad para elegir la respuesta. Y nadie puede quitarnos esa libertad sin nuestro consentimiento. Si la ejercemos seremos libres, si evitamos hacerlo, seremos víctimas.

Perseverancia

Quienes tienen actitud de responsabilidad saben que las victorias no son fáciles. "El éxito es ir de fracaso en fracaso, sin desesperarse", decía Winston Churchill.

Las circunstancias no siempre son favorables en el lugar y el momento en que uno quiere y tampoco se puede aspirar a que el mundo se detenga para que las cosas se hagan cuando y donde uno las quiere. Hay altas probabilidades de que cualquier idea o proyecto o simple acción, requiera repetirla varias veces hasta que finalmente se concrete, hasta que finalmente encuentre su momento y su lugar para hacerse realidad. Incluso puede requerir de miles de intentos: Thomas Alva Edison hizo dos mil pruebas fallidas hasta que logró fabricar la bombilla de luz. Me gusta mucho otra frase que dice: "los que llegan al cielo son los que nunca se caen o los que siempre se levantan".

Ray Kroc, fundador de McDonald's decía:

"Nada en el mundo puede reemplazar la perseverancia.

No lo hará el talento; nada es más común que hombres de gran talento fracasados. No lo hará el genio; es casi proverbial un genio que no recibe recompensa.

No lo hará la instrucción; el mundo está lleno de instruidos que andan a la deriva. Solo la perseverancia y la decisión son omnipotentes".

Aceptar la realidad

La actitud de responsabilidad significa aceptar la realidad tal cual es. La peor de las verdades siempre es mejor que la más linda de las mentiras.

La persona con actitud de responsabilidad acepta la realidad de la empresa cuando es adversa y también cuando actuó de manera equivocada. En el caso de los líderes es fundamental tener a alguien (y si es más de una persona, mejor) que lo ayude a ver lo que no está haciendo bien, sus "puntos ciegos". Puede ser un jefe, un par, un supervisado, o un *coach* externo.

En mi caso, aprendí mucho de mis jefes, pero mucho más de aquellas personas que reportaron a mí. Varios de ellos me enseñaron a ser mejor jefe y tuvieron la generosidad de decirme lo que pensaban, de marcarme mis errores y de brindarme sugerencias para mejorar. Lo hicieron siempre con equilibrio y respeto. Eran personas muy profesionales y con mucha convicción, que no transaban con la mediocridad y mucho menos con la falta de valores. Su actitud de responsabilidad iba mucho más allá del cumplimiento impecable de su trabajo. Eran personas que no permitían a otros que se hicieran las cosas por la mitad o las hicieran mal. Y su jefe, o sea yo, no era la excepción.

Me hacían ver la realidad en muchos temas importantes. Cuando uno de ellos me pedía para "hablar un minuto" fuera de la agenda, yo ya sabía que no se trataba de un asunto menor. Entraban, cerraban la puerta y me "increpaban" por algo que yo había dicho o hecho y que entendían que perjudicaba a otra persona, a la empresa, o a mí mismo. También me señalaban cosas que yo aún no había hecho y que requerían de mi acción. Su crítica siempre estaba orientada a que yo actuara mejor y así evitarle perjuicios a la empresa.

Ser responsable requiere carácter. Uno tiene que encarar situaciones incómodas y debe tener el valor de "enfrentar" a los demás y en particular al jefe. Por supuesto que en todos los casos se debe hacer con corrección y respeto.

Ser responsable también significa saber escuchar a quienes tienen la genuina intención de ayudarte. Esto es algo que se lo recomiendo a todos, pero muy en especial a los líderes: escuchar a quienes con buena voluntad nos hablan de frente y nos dicen las cosas que hacemos mal, la verdad sobre nuestros actos. En mi caso, repito, quienes más me ayudaron en ese sentido, fueron personas que reportaron a mí. Creo que la razón es que son ellos los que reciben de forma más directa la influencia de nuestros comportamientos y por eso son quienes mejor pueden decirnos cómo ser mejores jefes. La verdad sobre uno, "el verdadero yo", suele hallarse en los ojos de las personas con las que nos relacionamos.

La gorda no existe

Recuerdo que en IBM, cuando se planteaba hacer algo nuevo siempre aparecía alguien que decía:

"En IBM eso no se puede" "IBM piensa que..."

"En IBM siempre se hizo así…" o "nunca se hizo así…".

Durante mucho tiempo me lo quedé masticando. Sabía que era utilizado para escapar a las responsabilidades, para impedir un cambio, pero no sabía como desarmar el argumento.

Hasta que un día me dije que la próxima vez que alguien me dijera eso no lo iba a aceptar. Soy una persona visual, que veo y me imagino las cosas y traté de imaginarme a "la IBM". Me dije, si "la IBM" fuera una persona, ¿cómo sería?. Lo primero que me respondí es que si decimos "la", entonces es una mujer. En aquel entonces, IBM era una corporación que facturaba más de 80 mil millones de dólares anuales. Era una mole gigantesca, una corporación enorme, distribuida en todo el mundo. Hoy también lo es. Entonces, concluí que si fuera una persona, sería alguien muy grande, enorme…me imagine a una señora gorda. "IBM es una mujer gorda", me dije y me la imaginé con una enorme camiseta con las letras IBM.

Un día volví a escuchar la frase "en IBM eso no se puede hacer…". Entonces respondí:

-¿Y quién es IBM? Yo no se quién es. Si te referís a "la IBM", es una señora gorda, con la camiseta de IBM, pero yo nunca la vi. La busqué por todos lados en IBM y nunca la encontré. Así que con ella no cuento. ¿Alguno de ustedes la vio alguna vez?

Todos se rieron.

-Yo nunca la vi y ustedes tampoco la vieron dije-. Entonces, no hablemos de "la IBM", porque "la gorda" no existe. Nosotros somos "la IBM". El que sí existe sos vos, y vos, y yo. Entonces somos nosotros la IBM. Somos nosotros los que decidimos.

Esta es la actitud de responsabilidad. Somos nosotros los que decimos que "Sí" o que "No", y si no somos nosotros es otro, alguien, y debemos averiguar quién es. Porque la gorda no es.

La piscina de dulce de leche

Las grandes organizaciones tienen zonas trabadas, engorrosas, entreveradas. También ocurre con organizaciones pequeñas y medianas, y de modo frecuente ocurre con clientes para los que trabajamos. Tienen esas burocracias que trancan todo, esas tierras de nadie, esos lodazales, esas zonas espesas, muy difíciles de traspasar.

Cuando un proyecto que está a nuestro cargo cae en una de esas zonas, o uno mismo cae dentro de ellas, se pierde el control y la capacidad de hacer y de ejecutar. Para las personas que no tienen actitud de responsabilidad, este es el escenario ideal para justificar su falta de resultados. Para ellos es una evidencia clara de que ellos no tienen nada que ver: es culpa de los insoportables burócratas, es responsabilidad de los ineptos que "cajonean" las cosas, y utilizan esta circunstancia como la excusa perfecta para justificar que las cosas no se hagan.

A esa zona espesa, a ese lodazal, le pusimos el nombre de "la piscina de dulce de leche". El dulce de leche es un exquisito dulce que se consume mucho en Uruguay y Argentina, hecho en base a leche y azúcar. Su consistencia es pegajosa y espesa.

Cuando nos ocurría que un proyecto había caído en esa zona, alertábamos que "había caído en la piscina de dulce de leche". Eso para nosotros significaba que debíamos hacer lo que fuera para "sacarlo" de ahí.

A las personas con actitud de responsabilidad, cuando un proyecto, cuando algo que está a su cargo, se les cae en la piscina de dulce de leche, lo consideran una desgracia, no una excusa. La tarea inmediata es "sacarlo". Si para sacarlo es necesario empezar de nuevo, se empieza de nuevo. Si para sacarlo hay que meterse en la piscina y empujar hasta que salga por algún lado, se hace. A las personas con actitud de responsabilidad, la adversidad las mueve a redoblar el esfuerzo, a las personas que no la poseen, las paraliza.

El *omelette* de jamón

Las personas con responsabilidad individual, cuando asumen un compromiso, cuando deciden que van a ser parte de algo, realmente ponen todo. No son simples acompañantes o participantes.

Una anécdota divertida que muestra la diferencia entre participar y comprometerse, es la del *omellete* con jamón.

El *omelette* con jamón es una comida que se hace en la sartén con huevo batido y jamón. Si miramos esta comida desde el lado de los animales que nos proveen los ingredientes, tenemos a la gallina que nos da los huevos y al chancho que nos da el jamón.

En este caso, la gallina simplemente participa. El chancho se compromete. Al chancho le va la vida.

Capacidad, foco y voluntad

Inteligencia y voluntad

Las personas responsables construyen su destino y para hacerlo definen sus objetivos y actúan para lograrlos. Saben que el valor de la inteligencia es muy importante, pero es relativo. Saben que la inteligencia sola no logra *mover* nada. Es la voluntad la que "mueve". El mundo está lleno de inteligentes que no han hecho nada. Han quedado atrapados en el análisis perfecto de todas las alternativas, en la evaluación de todos los riesgos posibles y en la dialéctica eterna. Sin embargo, gente menos inteligente pero con indomable voluntad, ha movido y sigue moviendo el mundo. La historia de Thomas A. Edison y la lámpara incandescente o bombilla de luz, que mencioné anteriormente, ilustra esta idea. Se cuenta que Edison encerraba a sus colaboradores en el laboratorio y no los dejaba ir a sus casas para que siguieran probando los distintos filamentos… cuando finalmente logró lo que estaba buscando, la lámpara incandescente, y se hizo famoso como genio, cuando era interrogado sobre su aparentemente infinita inteligencia, Edison decía: "todo proyecto requiere esfuerzo, talento y suerte. Pero estos ingredientes se combinan en distintas proporciones: 85 % esfuerzo, 10 % de talento y 5 % de suerte".

Tres factores

Hace algunos años tuve la oportunidad de estar presente en una charla de Ken O'Donell sobre "Endocalidad" y en esa ocasión aprendí que las personas con actitud de responsabilidad saben que para lograr los objetivos hay tres factores determinantes. Estos son capacidad, foco y voluntad.

La persona debe tener las habilidades y la inteligencia necesarias para lograr los resultados. Debe poner el foco y dedicarse por entero a esa tarea específica. Y tiene que tener voluntad, debe poner energía y dedicación para realizarlo. Estos son como tres círculos que se deben unir, deben tener una zona de intersección, que representa el impacto en los resultados. La capacidad, el foco y la voluntad deben estar presentes en forma simultánea.

Cuando esto no ocurre y falta alguno de los factores, es muy difícil lograr los objetivos y se producen los siguientes síndromes: el síndrome del crítico esférico, el síndrome de la bicicleta ergonómica y el síndrome de la manguera suelta.

Síndrome del crítico esférico

Las personas que tienen capacidad y están enfocadas en los objetivos, pero no tienen voluntad, sufren el síndrome del "crítico esférico". Son los que analizan todo con mucha inteligencia y conocimiento, incluso con mucho detalle, pero no hacen nada. Son unos críticos perfectos del mundo que construyen… otros.

Síndrome de la bicicleta ergonómica

Las personas que están enfocadas en los objetivos y tienen voluntad, pero no tienen capacidad, sufren el síndrome de la "bicicleta ergonómica", o bicicleta fija para hacer ejercicio. Son como una bicicleta ergonómica porque pedalean con mucha energía y están bien enfocados en el objetivo, pero no avanzan nada.

Síndrome de la manguera suelta

Las personas que tienen voluntad y capacidad, pero que no tienen foco, padecen el síndrome de la "manguera suelta". Son los que tienen muchas ganas, tienen la capacidad, pero hacen varias cosas diferentes a la vez, cambian con frecuencia y no saben hacia dónde van.

Lo que he observado en las personas con actitud de responsabilidad

Las personas que florecen y tienen éxito se sienten dueñas de sus éxitos y también de sus fracasos. Entienden que son los resultados y no los esfuerzos los que se pagan. No le echan la culpa a otros o a la suerte cuando no les va bien. Tienen el coraje y la valentía de reconocer sus fallas, identificar sus errores y tratan de no repetirlos.

Las personas que no son responsables son muy fáciles de detectar. Por lo general, cuando se habla de causas o de responsabilidades, de la que ellos son parte comienzan diciendo "Lo que pasa es que…", "El problema es que…". Frases como estas lo que anticipan es el comportamiento de Pilatos: "lavarse las manos", desvincularse de la situación, atribuirle a otro, cercano o lejano, la responsabilidad de los hechos. Si estas personas son claramente las responsables, lo que buscan es una justificación. Por lo general, lo que buscan es atribuirle la causa de lo sucedido a algo externo que les impidió hacer las cosas como querían. Las personas que no son responsables, cuando aciertan dicen que es por sus méritos. Y cuando se equivocan es por causas ajenas. Como dice Fernando Savater en el libro *El valor de elegir*: "Lo curioso de estos alivios de la responsabilidad es que funcionan solo para la culpa no para el mérito… Somos excelentes gracias a nosotros, pero somos malos o deficientes a pesar de nosotros".

Las personas con actitud de responsabilidad muestran las siguientes características:

Aceptan sus errores

Cuando hacen algo mal, aceptan su error. Lo toman como una responsabilidad, pero también ven el lado bueno: si es mi error, entonces soy yo quien debo solucionarlo y entonces está en mis manos la acción a tomar y no en otra persona. Además, asumir los errores da mucha más credibilidad en el futuro, cuando se evalúen las verdaderas responsabilidades. Cuando uno se hace cargo de sus platos rotos, también tiene la autoridad para decir "Este plato lo rompí yo, pero estos tres no. Que cada uno asuma su parte". Aceptar los errores crea confianza y la confianza es el adhesivo que une y da cohesión a los integrantes de los equipos de alto desempeño.

Contagian energía

Para lograr los objetivos hay que poner voluntad y energía y las personas responsables contagian energía y entusiasmo. Son ese tipo de personas con las que a uno le gusta estar, con las que a uno le gusta trabajar. Contagian con lo que dicen, pero también con lo que hacen. "Enseñamos lo que sabemos, pero contagiamos lo que somos…".

Se preguntan ¿si no somos nosotros, quiénes?

Los que tienen la actitud de responsabilidad sienten que son ellos quienes pueden crear un rumbo y viven con un claro "sentido de urgencia". Quieren hacer. No les gusta esperar. Si pueden hacer algo ellos ya mismo, lo hacen. Se preguntan, al igual que el sabio judío Hillel, "¿Si no somos nosotros, quiénes? ¿Si no es ahora, cuándo?". Saben que son ellos quienes, harán de su lugar de trabajo el mejor lugar para trabajar, saben que son ellos quienes aportando lo mejor de sí mismos, ayudarán a la empresa a tener el reconocimiento de los clientes y de la comunidad, a crecer… Saben que nadie lo hará por ellos. Y quieren ser ellos quienes lo hagan. Incluso, ante situaciones que ellos no crearon, se sienten responsables de buscar una solución, sienten que deben actuar.

Se involucran

Los individuos que tienen éxito tienen una energía desbordante, gran capacidad de trabajo y un fuerte compromiso. Se conectan emocionalmente con los objetivos y se involucran a fondo en las tareas y ponen todo su talento, entusiasmo y dedicación, para lograrlos.

Expresan de forma verbal y clara su responsabilidad

Las personas de éxito expresan claramente que se hacen cargo de las cosas y que dan la cara cuando se equivocan. Cuando hay una tarea para hacer, dicen: "Yo la hago, para el lunes próximo". No dicen: "Voy a tratar de hacerlo para el lunes próximo". Cuando cometen un error dicen "Yo cometí un error y lo que voy hacer es tal cosa y tal otra para solucionarlo". No dicen: "Bueno, lo que pasó fue que…".

Creen firmemente en la frase "no hay peor gestión que la que no se hace"

Las personas con responsabilidad individual, lo intentan. Actúan. Cuando quieren algo, van a buscarlo, trabajan para lograrlo. Sus sueños son anticipos de realidades que aspiran lograr. No son fantasías para evadir lo que no tienen. No se quedan esperando a que alguien haga algo. Ellos mismos lo hacen.

Se sienten parte, se sienten dueños

Las personas con éxito consideran que el trabajo en el que están es la mejor oportunidad de su vida. Se entregan a fondo, como si la empresa fuera suya y hacen todo lo posible para hacer su trabajo de la mejor manera y para que a la empresa le vaya lo mejor posible. Y si cambian de empresa, siguen sintiendo lo mismo, que la mejor oportunidad es su nuevo trabajo.

Cómo son las personas que no se sienten responsables

Las personas que no se sienten responsables buscan justificativos a sus actos. Si se equivocan es por culpa de otros. No se comprometen a fondo, actúan a medias tintas, de forma tibia. Esperan, siempre esperan. Esperan a que algo pase, a que otro haga algo, a que aparezca alguna solución. Lo primero que piensan es "yo no fui" o "yo no tengo nada que ver".

Un amigo me contó que hace unos años, cuando llegaba a su hogar por la tarde, vio en la calle a un grupo de personas, a unos 15 m de su casa. Se bajó del auto y se acercó. Eran unos tres o cuatro muchachos con uniforme de liceo y algunos vecinos. Se estaba produciendo un principio de incendio en un terreno baldío. Mi amigo saludó y una señora le dijo:

-Hace un rato era un fueguito pero está creciendo. Se está poniendo feo.

-¿Cuándo comenzó el fuego?- preguntó mi amigo.

-Y hace una media hora- respondió. Otro de los vecinos dijo:

-Ya llamé a los bomberos. Hace como veinte minutos pero aun no vinieron.

-Nunca vienen- dijo la señora-, hay que llamarlos varias veces, si no ni se mueven.

Y a veces, tampoco se mueven.

-Los voy a llamar de nuevo- respondió el señor.

-En cualquier momento este fuego agarra una casa- volvió a decir la señora.

El incendio se estaba produciendo entre una vivienda deshabitada y otra casa en la que vivía una familia con niños en edad escolar. Mi amigo, inmediatamente se dirigió a esta casa, pero el señor que había llamado a los bomberos le dijo que había estado tocando el timbre varias veces pero no le había contestado nadie.

Entonces mi amigo se dirigió a su propia casa, unió todas las mangueras que tenía, logró que un extremo llegara hasta la vereda y las conectó a su bomba de agua para riego. Corriendo de un lado para otro de su casa, consiguió dos baldes, un tacho que se usaba para la ropa y dos latas grandes y salió a la calle. Se acercó a los liceales y les dijo: "Muchachos, ¿me dan una mano? Yo les voy llenando los baldes y ustedes le van tirando agua al fuego". Los liceales le dijeron inmediatamente que sí, incluso con cierta emoción. Mi amigo comenzó a llenar los baldes, se los daba a los muchachos, que caminaban los 15 m, tiraban el agua y volvían. Desde el lugar donde se encontraba mi amigo no veía bien el lugar del incendio. Al cabo de unos siete u ocho minutos, después de haber tirado al fuego unos nueve o diez baldes, uno de los jóvenes le dijo:

-"Ya está".

-¿Cómo?- respondió mi amigo.

-Que ya está. Ya se apagó.

-¿Cómo que se apagó?

-Sí. Ya no hay llamas.

Mi amigo se acercó hasta el lugar y efectivamente no había llamas. Había una cierta humareda y probablemente hubiera brasa aun caliente. Volvió a su casa, llenó tres o cuatro baldes más, y él mismo, para mayor seguridad, los tiró en el lugar.

Unos veinte minutos después de la segunda llamada, llegaron los bomberos. Por precaución mojaron abundantemente el lugar para "extinguir definitivamente" el incendio.

En esta historia mi amigo adoptó una actitud de responsabilidad. Asumió que si ese incendio estaba cerca del lugar dónde se encontraba y él estaba en condiciones de hacer algo para combatirlo, tenía que actuar. Se preguntó: ¿si no soy yo, quién? Y además, actuó en ese mismo momento.

Los demás no adoptaron una actitud de responsabilidad. Unos porque no sintieron, en ningún momento, que debían hacer algo: miraron el incendio, o se quejaron de los bomberos como si de esa manera se fuera a apagar el fuego. Como dice un proverbio chino, "Hablar no cuece el arroz". No sintieron que fuera un tema suyo. Era de otro o de otros, pero no de ellos. El vecino que llamó a los bomberos al menos sintió que algo debía hacer, pero consistió en llamar a otros, a los bomberos. Llamar a los bomberos está bien, es lo que se debe hacer siempre que ocurre un incendio o un principio de incendio. Pero este vecino, que fue capaz de llamar dos veces a los bomberos, no sintió en ningún momento que él mismo, como individuo, debía pasar a la acción. Llamó a los bomberos y ahí dio por terminada su responsabilidad.

Diálogo

La actitud de responsabilidad individual es una postura mental que hace que el individuo enfrente la realidad y a partir de ella, sea favorable o adversa, se adueñe de la acción que conduce al logro de los resultados deseados.

La actitud de responsabilidad se evidencia y observa muy claramente en las conversaciones. El diálogo de los individuos responsables es muy diferente de quienes no lo son. De las personas responsables siempre se reciben palabras positivas y de compromiso. Estas personas piensan que "el único lugar donde el éxito está antes que el trabajo es en el diccionario".

Además, son muy responsables de lo que dicen, porque saben que los diálogos nunca son neutrales. Los sistemas humanos, como explican los investigadores de Indagación Apreciativa, se mueven en dirección a las preguntas que las personas se hacen. Cuando predomina el lenguaje del déficit lo que se hace es rehuir a la responsabilidad, al compromiso y a la construcción de un destino propio. Cuando predomina el lenguaje de la construcción, lo que se hace involucrarse, ser parte, colaborar, transformar, poner todo de uno mismo.

Cuando una persona con actitud responsable está en un diálogo con otras personas y escucha que alguien dice:

"Lo que pasa es que…",

"Si no fuera porque...",

"A menos que...",

"Hasta que…".

Ya sabe lo que viene después.

Viene una excusa. Para no hacer nada.

Viene una justificación. Para no hacerse cargo.

Esas frases lo que verdaderamente quieren decir es:

"No me siento responsable…"
"No me siento dueño…"
"Yo no tengo nada que ver…"
"Yo no fui…".

Son frases que las personas dicen para eximirse de su responsabilidad, para eximirse de tener que hacerse cargo.

Las personas con actitud de responsabilidad dicen:

"Vamos a…"
"La solución podría ser…"
"Voy a hacer que…".

Cuando las personas que no tienen actitud de responsabilidad dicen:

"Hay que…"
"Habría que…"
"Voy a intentar…".

Lo que realmente quieren decir es…

"Que lo haga otro…"
"Puede ser que lo haga, pero no cuenten con ello porque quizás no lo haga".

Una vez una persona me dijo: "Siempre tuve buenas ideas, pero ya no las digo, porque después me dicen que las haga yo. Yo siempre decía, 'yo traje la idea, que otro la haga' ". Las personas con actitud de responsabilidad, cuando tienen una idea, quieren hacerla ellos. Cuando surge una buena idea, aunque no haya sido de ellos, quieren participar. Por eso, cuando hablan, dicen frases como:

"Voy a…"

"Vamos a…"

"Quiero colaborar…"

"¿En qué puedo ayudar?".

Cuando hablan con otras personas, buscan ir más allá de lo que siempre se hizo, más allá de lo conocido. Dicen:

"Imaginemos si..."

"¿Por qué no hacemos que…?"

"¿Por qué no?"

"Podemos…".

El diálogo de los individuos responsables contagia entusiasmo, crea Capital Humano. Hace que la energía y las ideas circulen y se conviertan primero en acciones y luego en resultados deseados; y que el circuito se retroalimente. Es el diálogo de las personas libres, que construyen su camino, que controlan su destino.

Sexta Parte

Las actitudes, un hombre de campo y un jeque

Así cualquiera

Muchas veces me han dicho:

"Enrique, vos trabajabas en IBM. Así cualquiera. En IBM tenías todo armado. Lo que pedías te lo daban. Pero otra cosa es acá, en este país. A las empresas nacionales, con recursos escasos, se le hace muy difícil".

Reconozco parte de verdad en esta observación. Sin duda que en IBM contaba con recursos que muchas empresas y personas no cuentan en países como Uruguay y otros países de América Latina. Tenía dinero para invertir en proyectos, tenía soporte técnico, tenía folletería, manuales, en fin, un montón de cosas que facilitan mucho la tarea de cualquier vendedor, técnico o gerente. Pero más que eso: fundamentalmente contaba con el apoyo de un formidable sistema de gestión de personas que me ayudó a mí y ayudaba a todos los gerentes a convertirnos en buenos jefes. A diferencia de la mayoría de las empresas latinoamericanas y muchas multinacionales actuales, los gerentes de IBM contábamos con un proceso de desarrollo ejecutivo y una función de Recursos Humanos a los que le debo buena parte de lo que pude entender, hacer y conseguir. Este libro es tributario de esa capacidad corporativa que se traducía en generaciones de jefes mejores preparados para el rol que los de varios competidores.

Esa capacidad me hizo las cosas más fáciles, imperceptiblemente más fáciles. Porque esas inversiones superiores que hacía IBM en desarrollo de gerentes y jefes tenían precisamente ese propósito: habilitar a los jefes para hacer que sus equipos consiguieran resultados extraordinarios. Y que ello pareciera natural: eso era lo que tenía que hacer el jefe.

Pude percibir con mayor profundidad esas inversiones en liderazgo y capital humano cuando dejé IBM y empecé a asesorar a empresas domésticas. La ausencia o la insuficiencia relativa de esas inversiones eran y son gran parte del problema y la razón que me llevaron a co-fundar X^n y escribir este libro. Nos anima y me anima un objetivo muy simple: eliminar esa disparidad de liderazgo y gestión que hace que a los latinoamericanos les sea difícil participar y ganar en la arena global y ser protagonistas en la creación de prosperidad.

Por eso creo que las actitudes que llevan al éxito y que las he observado en diferentes tipos de personas, en diferentes actividades y en diferentes empresas, van más allá de si se trata de IBM o de un pequeño negocio.

Las necesitaba IBM para ganar pero las necesitan aún más las organizaciones y empresas locales. Las grandes corporaciones mundiales las fabrican y las reproducen adentro. En buena parte de América Latina aún no hemos logrado desarrollar ese "mejoramiento genético" en nuestras organizaciones.

Caballos uruguayos en el mundo

A quien viva el éxito como un viaje y no como un destino, y quien viva con intensidad las actitudes positiva, de equipo, de mejora continua y responsabilidad, más allá del contexto, siempre le irá mejor. Y además, estará ayudando a crear un mejor lugar para trabajar y para vivir, sea su empresa o su país, que a la larga redundará en beneficios para todos.

En 2001 me retiré de IBM y poco después tuve la suerte de colaborar y ver en acción estas actitudes en un contexto totalmente diferente al de IBM. Fue con mi amigo Pío Olascoaga, un hombre de campo.

Conocí a Pío en mi infancia, donde fuimos compañeros de liceo. A pesar de que escogimos caminos diferentes en la vida, siempre nos unió una gran amistad. Pío vivió hasta los 12 años en Zapicán (Lavalleja, Uruguay). Al terminar la escuela tuvo que trasladarse a la capital, a Montevideo, para cursar el liceo. Fue en esa época en que nos conocimos. Su padre tenía un establecimiento rural en el que Pío se crió y desde los 12 años hasta los 18 fui a pasar parte de las vacaciones de verano y de invierno a su campo. Pío sabía de todo y a mí me impresionaba mucho su determinación. Me enseñó muchas de las tareas tradicionales del campo uruguayo. A pesar de su corta edad, combinaba la calidad humana y el don de mando.

En particular Pío tenía un gusto especial por los caballos y una comunicación muy especial con ellos. Es uno de los mejores jinetes y entrenadores del Raid Hípico uruguayo y fue cinco veces campeón nacional. El Raid Hípico es un deporte que se practica desde hace más de 70 años en el interior del Uruguay y consiste en carreras de largo aliento (las hay desde 20 a 120 km). Existe una disciplina internacional similar, que se la conoce como *Endurance* o Enduro.

A fines de 2001, poco tiempo después de volver a Uruguay, le dije a Pío que quería visitarlo. Hacía mucho tiempo que no nos veíamos y quería volver a lugares que recordaba con mucho cariño. Así que me fui de visita al Haras del Manzanero, el establecimiento de Pío en Zapicán. La charla iba y venía sobre el pasado y el presente, cuando poco a poco se fue convirtiendo en un sueño, en la construcción de un futuro imposible. Que los caballos y los jinetes uruguayos obtuvieran reconocimiento internacional. ¿Por qué no correr el Mundial? ¿Pero cómo? ¿Cómo hacerlo con tan pocos recursos?

Rumbo al mundial

Aquella noche, Pío me contó que en 1998, en el mundial de Enduro celebrado en Francia, un caballo uruguayo logró la posición 59 entre 160. El caballo no era de muy buen nivel y el tiempo de preparación fue muy corto. Pero el jinete que lo corrió afirmó al volver que con un caballo mejor se podía estar entre los 20 mejores.

Pío me explicó todo con lujo de detalles. Sabía los promedios de velocidad de los caballos en las competencias internacionales, quiénes habían ganado, cómo eran las pruebas y muchas cosas más. Estaba convencido que Uruguay podía representar un excelente papel e incluso ser un líder mundial en esta disciplina. Ese día descubrí que existía ese mundo del Enduro. Es como la Fórmula Uno de los automóviles, pero de carreras de caballos de larga distancia. Al igual que en la Fórmula Uno, alrededor de esta actividad hay una economía de primer mundo. Los más "fanáticos" de este deporte son los Emiratos Árabes y sus jeques. Disponen de equipos multitudinarios en distintas regiones del mundo que entrenan y cuidan caballos de todas las nacionalidades imaginables.

Esa noche con Pío empezamos a soñar o, mejor dicho, a imaginar posibilidades. Sabíamos que ni el Estado ni la Federación Ecuestre financiaría el proyecto y que el único camino que quedaba era animarse a hacerlo por nosotros mismos, sin esperar nada de nadie.

Tomé una hoja de papel en blanco y le dije: "Acá vamos a escribir: 20 de agosto de 2001: estoy tomando un whisky con Enrique en Zapicán, Lavalleja" y acá abajo vamos a escribir: "16 de setiembre de 2002: estoy corriendo el mundial en Jerez de la Frontera, Andalucía, España, firma, Pío Olascoaga". Parecía una locura, pero lo único que había que hacer era llenar esa hoja con fechas, acciones y responsables de ejecutarlas.

Pío hizo un plan y se lo presentó al presidente de la Federación Ecuestre Uruguaya. La idea era ir al Mundial del 2002 en España. No importaba si había delegación uruguaya o no.

La manera de financiar el viaje era la siguiente. Los caballos que lleváramos para competir iban a pagar solo pasaje de ida y luego de competir debían ser comercializados. La idea inicial era lograr que en el gran mercado mundial de Enduro se fijaran tanto en jinetes como en caballos uruguayos.

Pío decidió llevar dos caballos. Uno de los caballos era *Supermilenio* y lo montaría su hijo, Juan Miguel. El otro caballo era *Solitario*, que era de Pedro Sosa, un joven que trabajaba con Olascoaga.

En España

En Andalucía casi nunca llueve entre mayo y noviembre y esto hace que los suelos, blandos y gredosos, se endurezcan a tal nivel que parecen de piedra. Pío y su equipo viajaron con tres meses de anticipación y se localizaron al principio en el Club de Polo Santamaría, ubicado en Sotogrande, al sur de Andalucía, donde fueron recibidos por uruguayos (gracias a la generosidad de la familia Stirling) y además porque podían entrenar en pisos duros, muy similares a lo que sería el terreno de la competencia en Jerez de la Frontera.

Estaba todo listo para que Uruguay participara con éxito en el torneo de mayor nivel en el mundo ecuestre. Pero la noche anterior llovió y cayeron 160 mm de agua. Pío describió el lugar de la competencia como "un lodazal brutal".

El objetivo era llegar entre los 20 primeros en la clasificación individual y que el equipo de Uruguay clasificara entre los 4 o 5 mejores. Competían 36 equipos y 160 caballos, lo que configuraba un desafío que lucía imposible.

Lamentablemente, no se obtuvieron los resultados que se esperaban. De los 6 caballos que fueron en la delegación de Uruguay solo clasificaron dos, que fueron los de Pío (Solitario en el puesto 37 y *Supermilenio* en el 38). La clasificación por equipos se define con los tres primeros caballos y al solo clasificar dos, Uruguay quedó muy lejos del 4.º ó 5.º puesto.

Al día siguiente de la competencia había mucha gente en torno a los caballos tratando de hacer negocios, pero los precios eran de "pichincha". Pío decidió no venderlos. El objetivo de financiar el proyecto vendiendo los caballos no se había logrado. Pío no sabía qué hacer. El dinero con el que contaba era escaso y volverse significaría una importante pérdida.

Cabeza a cabeza

Hablando con entrenadores españoles, Pío y su equipo (su hijo Juan Miguel y Pedro) se enteraron de que había una carrera un mes después en Badajoz, que unía Huelva con Badajoz y que era una carrera apropiada para los caballos uruguayos. Era bastante plana, rápida, de terreno duro. Y además iban a ir los mejores equipos del mundo. Se embarcaron en la idea de ir a correr esa carrera.

Decidieron llevar a *Supermilenio* para la competencia. Estaban decididos a jugarse el todo por el todo. Sabían que el caballo valía mucho y que tenían que venderlo bien. Hacía ya más de tres meses que estaban en Europa y el pequeño equipo uruguayo decidió no abandonar su propósito. Sus rivales serían los equipos árabes, con todos los recursos disponibles, con decenas de personas trabajando para asegurarse el triunfo.

Uno de los competidores en Badajoz era el Sheik Al Maktoum, jeque de la monarquía que gobierna Dubai, uno de los siete estados árabes que conforman los Emiratos Árabes Unidos. Corría en persona, con uno de sus mejores caballos.

Para sorpresa del jeque durante las tres primeras etapas de la carrera, corrió cabeza a cabeza con un joven uruguayo de 20 años. Se trataba de Juan Miguel Olascoaga, de Zapicán, Lavalleja. El caballo del jeque se cansó y no pudo seguir. Juan Miguel quedó solo, seguido por tres o cuatro caballos más, todos de los Emiratos Árabes.

La estrategia de los rivales de Juan Miguel fue correrle entre varios y en posta para lograr que el caballo de Juan Miguel se cansara. No se cansó pero rodó y se lastimó las rodillas. Fue curado y siguió en carrera.

Había terminado la cuarta etapa cuando el jeque Al Maktoum se acercó y le dijo a Juan Miguel que estaba a la orden para lo que precisara, que si podía ayudarlo a curar el caballo, que contara con él. Pío me contó que un gesto de esos, de una figura tan importante del mundo de Enduro, era muy valioso. Ya habían logrado un objetivo: que se fijaran en un caballo y un jinete uruguayo.

El caballo no estaba bien y se decidió hacer la última etapa suave. Juan Miguel quedó ubicado en el 5.º lugar.

Luego de eso, llegaron ofertas por *Supermilenio*. Fue vendido en US$ 30.000 a un español que trabajaba para Al Maktoum. Luego de cerrado el negocio Pío, Juan Miguel y Pedro Sosa fueron invitados a cenar. A Juan Miguel le ofrecieron ir a trabajar con ellos a Dubai. Aceptó. Su primer trabajo fue a prueba y como jinete de entrenamiento. Pedro Sosa, un joven herrador, trabajador rural de toda la vida, vendió su caballo *Solitario* en US$ 15.000. Luego de aquella competencia, se le concedió el privilegio de estudiar sin costo en España con uno de los mejores herradores del mundo.

Pío Olascoaga, mi gran amigo, recibió una oferta para ser entrenador en Emiratos Árabes. Pero su gran proyecto era convencer a los jeques que crearan en Uruguay un centro de cría y entrenamiento de caballos de raid.

Una carta

Este fue solo el comienzo y los éxitos se fueron sucediendo uno tras otro en los años siguientes. Mientras estaba preparando este libro me comuniqué con Pío y Lucía, su hija, y les pregunté cómo había "seguido la cosa". Recibí una cálida carta de Lucía, de la que transcribo una parte:

"Juan Miguel trabajó muy duro en su primera temporada en Emiratos y *Supermilenio* cumplió teniendo óptimos resultados en sus carreras en Europa.

A poco de estar allí, *Supermilenio* fue campeón de España, ganador del pre-mundial júnior en Italia y en el correr del tiempo ganador en Italia, Bélgica y Alemania…"

Juma Punti, entrenador del Sheik Mohammed, príncipe de Dubai, viajó al Uruguay en busca de nuevos caballos y jinetes. Se llevó doce caballos para realizar la temporada 2003-2004 de Emiratos. Estos caballos tuvieron óptimos resultados y Juma encomendó a Pío que comprara más y los fuera entrenando en Uruguay pensando en las próximas temporadas… Dado los buenos resultados obtenidos, Juma Punti decidió fundar el Primer Centro de Entrenamiento de caballos de Endurance en el Uruguay. Se transformó en un centro de referencia en América y se concentran aquí todos los caballos que se entrenan para viajar a Emiratos y a Europa. Es un predio dotado de todas las comodidades para este trabajo donde se entrenan 80 caballos y trabajan 35 personas. De aquí salen destacados jinetes que trabajan para los mejores equipos del Mundo. Este centro es manejado por Pío.

Los éxitos de Juan Miguel continuaron. Compitió en las mejores carreras del mundo con grandes resultados y en setiembre del 2007 ganó el Campeonato Mundial de Jóvenes Caballos en Compiegne, Francia. Fue el primer jinete extranjero que logró ganarlo en muchos años de historia.

Pedro Sosa ganó el Campeonato Nacional de Endurance en forma brillante y un nuevo protagonista, Julio Olascoaga, se coronó bi-Campeón Nacional Juvenil.

El 2008 ha sido un año espectacular para el Endurance Uruguayo. Las mejores carreras del mundo han tenido protagonistas uruguayos en los primeros lugares. Fueron vendidos más de 80 caballos en esta temporada. En las carreras nacionales todos los meses participan entre 140 y 180 equinos.

En el 2008, Julio Olascoaga en Juveniles y Juan Miguel en mayores se ubicaban en el primer lugar del ranking mundial.

Lucía Olascoaga es la responsable de toda la administración del centro y quien está en contacto permanente con España y Emiratos para el manejo de la empresa.

"Lo estamos logrando, queda mucho por hacer. Hay que profesionalizarse más en lo interno, difundir más el deporte y dotar de mejor educación general a los chicos que van al exterior. Lucía".

Las actitudes y el éxito

La carta de Lucía es emocionante. Tiene esa sencillez y humildad de las verdaderas personas de éxito. Pío demostró una y otra vez el poder de las actitudes para conseguir logros que al principio parecían imposibles. Lideró el equipo que logró abrirse camino en el mundo, en muy poco tiempo.

También es una muestra de lo que ocurre cuando las actitudes correctas comienzan a contagiarse. Como todas las personas "grandes", su tarea trascendió a sus propios intereses y benefició a muchas personas. Pío impulsó, apoyó y convenció a muchos, incluso en los momentos más duros, de que tenían la capacidad para abrirse al mundo. Que con esfuerzo podían ser capaces de obtener resultados deportivos y comerciales que abrieran fuentes de trabajo para muchos uruguayos.

Para mí es un gran honor y un privilegio haber podido colaborar con ese esfuerzo pionero, que ha permitido cumplir tantos sueños y crear empleo genuino para mucha gente. Juan Miguel Olascoaga, su hijo, es uno de los mejores jinetes de Enduro del mundo. Pío logró que en Uruguay se instalara un centro local de cría y entrenamiento de caballos integrado a la industria global del Enduro, que además él dirige. Lucía es la administradora. Pedro Sosa es entrenador y campeón nacional. Julio, su otro hijo, también es una estrella internacional y ocupó el primer lugar en el ranking mundial juvenil. Uruguay ya es una plaza de primer nivel mundial en el Enduro.

La historia de Pío ilustra el poder de las cuatro actitudes: se plantearon desafíos ambiciosos y viviendo las actitudes positiva, de equipo, de mejora continua y de responsabilidad, los lograron. De eso se trata el éxito, de la autosuperación y el logro de desafíos ambiciosos.

Han sido positivos. No perdieron tiempo en lamentos y pálidas cuando sufrieron su primer fracaso. Se sobrepusieron, confiaron en ellos mismos y salieron adelante.

Formaron un equipo que juega en las grandes ligas, un equipo de alto desempeño. Cuando uno repasa esta historia, observa una gran unidad entre entrenador, jinete, cuidador, y otros integrantes de un Haras, e incluso el caballo. Hay una combinación de talentos y voluntades cuyo resultado es superior a las sumas individuales. Se ve claramente que todos están dispuestos a hacer el sacrificio que sea necesario para que el equipo gane.

Al principio de la historia se observa claramente la actitud de responsabilidad individual: se hicieron dueños de su éxito, pero también de sus fracasos. No esperaron a que el Estado o la Federación Ecuestre hicieran algo para ir a España. Lo hicieron ellos. Cuando fracasaron, asumieron sus errores, corrigieron lo que debían corregir y continuaron construyendo su destino.

Y han demostrado una actitud de mejora continua. Han trabajado sin cansancio para superarse. Se han propuesto romper con ideas preconcebidas y lo lograron. No se detuvieron ante temas burocráticos e institucionales. Su meta era ser cada vez mejores jinetes y criar y entrenar los mejores caballos. Han conquistado múltiples títulos internacionales. Han sido campeones de todo. Han tenido éxito. Y la mejor demostración de su actitud de mejora continua es como lo expresa Lucía: "lo estamos logrando, queda mucho por hacer".

Epílogo
Un muchacho atrevido

Al mirar en perspectiva los últimos 25 años, siempre vuelvo al inicio, a aquella noche en que no pude dormir. Aquella noche en que tocando la guitarra canté "No más pálidas", "No more palids". Todos tenemos momentos que son bisagras en nuestras vidas. Que representan un antes y un después. Y claramente, esa lucha por "No más pálidas" que emprendí fue un momento clave en mi vida.

Como ustedes sospecharan, esos primeros días fueron difíciles, pero las semanas y meses posteriores fueron durísimos. Había mucha gente molesta conmigo y muy contrariada con la situación. Muchas veces me sentí muy solo.

Sin embargo, también hubo quienes reaccionaron inmediatamente y no solo se sumaron a la iniciativa, sino que la mejoraron. Con el correr de las semanas, empecé a ver y oír conversaciones sobre lo que teníamos que hacer y sobre lo que ya se estaba haciendo.

Un día compré un pizarrón blanco y lo puse en un corredor y escribí "No more palids". Y todos los días escribía una frase, muchas de las cuales las mencioné anteriormente. Por ejemplo:

"Si no somos nosotros, ¿quiénes? Si no es ahora ¿cuándo?"

"Los que dicen que algo no se puede hacer generalmente son interrumpidos por alguien haciéndolo".

Empecé yo. Pero a los pocos días la gente empezó a escribir. "Cometamos nuevos errores", escribió alguien.

"Algunos hombres miran las cosas como son y se preguntan ¿por qué? Otros sueñan con cosas que nunca ocurrieron y se preguntan ¿por qué no?", escribió otro.

"El que quiera que algo ocurra buscará una forma, el que no, buscará una excusa", agregó un tercero.

En el pie de página de mi mail decía "No more palids". En el pie de otro miembro de mi equipo decía "Cometamos nuevos errores". El lenguaje positivo, parte vital de la realidad que era necesario modificar, empezó a predominar y a transformar la organización. El cambio fundamental fue un cambio en el diálogo. Empezamos a hablar de lo que teníamos que hacer, podíamos hacer y queríamos hacer.

Todas las transformaciones culturales tienen irremediablemente otra cara: hay gente que queda en el camino. En mi caso también ocurrió: ya sea porque la transformación necesitó reducir costos en forma significativa (la tecnología se abarataba a una velocidad insoportable) o porque hubo gente que no pudo o no quiso adaptarse a los cambios. A pesar del trago amargo que significa despedir personas, uno tiene que asumir esa responsabilidad. Lo debe hacer con delicadeza, sin descuidar los aspectos humanos que hay detrás de cada situación individual. Al final de cuentas, el líder es responsable por el éxito del equipo.

En estos años como consultor, he observado (y sigo observando) a muchos jefes que demoran estas decisiones difíciles, lo que provoca múltiples problemas a la organización, entorpece el desarrollo de la misma y autogenera conflictos. Todo esto se podría resolver tomando y ejecutando esas decisiones difíciles de la forma más rápida posible.

Algunos años después de aquella noche, cuando el clima en la organización era otro, cuando habíamos logrado el mencionado objetivo de duplicar la facturación e IBM Uruguay era una empresa que crecía a toda velocidad, percibí que prácticamente todos los motores de la organización estaban prendidos. Esta es una expresión que utilizo mucho: le llamo "motor" a la fuente de energía interna que poseemos las personas y que cuando es encendido por el deseo de un futuro mejor mueve a las personas y mueve a los equipos a conseguir cosas extraordinarias. Cuando todo esto empezó, yo sentía que el único que tenía el motor encendido era yo. No sé si tenía razón, pero era lo que sentía. Me decía a mí mismo: "No puede ser que el único que tengo encendido el motor sea yo. Cada uno de nosotros tiene un motor. Todos los motores tienen que estar encendidos a la vez". Aclaro que esto seguramente era una percepción equivocada, porque teníamos personas que "empujaban" con toda su energía. Pero vivía con esa extraña sensación de soledad.

Poco a poco empecé a sentir que los motores se iban encendiendo y cuando comprobé que todos los motores estaban funcionando a todo vapor, sentí una enorme alegría. Ir cada mañana a trabajar era un goce inigualable. Sentí, además, que todos disfrutábamos con lo que hacíamos. Nos proponíamos cualquier desafío y lo conquistábamos. Hoy en X^n describimos ese estado de cosas como un estado de satisfacción y compromiso. Y cuando me encuentro con algunos de mis compañeros de trabajo de esa época, recordamos con cierta nostalgia esos años de muchísimo trabajo, en los que disfrutamos nuestro trabajo de cada día. Nos vienen a la mente solo buenos recuerdos, aunque no siempre fue así. La energía emocional que pudimos generar nos permitió lograr objetivos ambiciosos y disfrutar en el camino. Es simplemente espectacular estar al lado de personas que continuamente están intentando superar nuevos límites y que quieren lograr cosas nuevas y que contagian su energía. Y desanima estar al lado de personas que son negativas.

Cuando me preguntan si no nos pasaba a veces que estábamos mal o nos sentíamos tristes o frustrados por los fracasos, que los tuvimos y muchos, respondo que sí. En muchos momentos nos sentimos mal y yo me sentí muy mal. Es en esos momentos que uno comprueba fehacientemente lo importante que es que *todos* los motores estén encendidos. Cuando todas las personas están funcionando con mucha energía, hay una retroalimentación continua. Se crea un círculo virtuoso. Si uno tuvo un mal día y está con energía negativa, cuando llega a la organización y se encuentra con todos esos "motores" encendidos, inmediatamente se contagia y al rato el motor de uno también se enciende.

Para lograr que una organización tenga una actitud positiva, todos los motores de la organización tienen que estar prendidos. Porque los líderes, como también me ocurrió algunas veces a mí, un día pueden llegar a la empresa con una pálida gigantesca. Y la organización tiene que ser capaz, con su propia energía positiva, de ayudar a su líder a sentirse mejor. Si todos los demás motores están prendidos, al líder le va a durar poco el bajón, va a estar poco rato con el motor apagado. Todos los demás le van a contagiar su entusiasmo y su motor va a volver a encenderse.

Eso fue maravilloso en IBM Uruguay. Porque con el tiempo los otros me contagiaban su entusiasmo a mí.

Mi felicidad mayor fue una vez que fui a una reunión, cuando la compañía ya era bastante grande y el ritmo de crecimiento era i mpresionante. A esa altura, yo era el Gerente General. Entré a una reunión, en la que había unas diez personas, la mayoría nuevos empleados, varios de ellos jóvenes. Y alguien me preguntó algo y yo, que estaba en un muy mal día empecé diciendo, "Lo que pasa es que..." y seguí con una historia negativa.

De pronto, un joven que estaba ahí, sentado en una punta de la mesa, me interrumpió y me dijo: "Eh, Baliño, *¡No more palids!*". Los que estaban en la reunión lo miraron con espanto. Supe enseguida lo que todos estaban pensando: "qué atrevido". Y luego me miraron a mí.

Mi primera reacción fue de molestia, pero no llegué a manifestarla. Sentí lo mismo que sintieron los demás y lo cierto es que el muchacho fue bastante osado. Pero por suerte, un rayo de algo, una súbita iluminación (luego aprendí que eso se llama inteligencia emocional), me hizo detenerme por un momento e interpretar de otra manera lo que el joven había dicho. Lo que pude ver fue que la nueva conversación que representaba la frase "No more palids" había calado muy hondo en la organización, había llegado realmente a todos sus rincones, al punto que un joven, que hacía poco tiempo que estaba en la empresa la sentía profundamente y la había hecho propia. Su acto de corregir mi actitud equivocada, evidenciaba la adopción de la nueva mentalidad de la organización. La idea del éxito como viaje y las cuatro actitudes para el éxito ya no me pertenecían. Ya no era un asunto solo mío y de mis colaboradores inmediatos.

El reproche de ese muchacho era la señal que todo líder o agente de cambio desea ver lo más temprano posible. Era la prueba de que el nuevo lenguaje era ahora compartido, vivido y caminado por todos. Aquel muchacho actuaba como dueño, se veía como parte del equipo y quería lo mejor para la empresa.

"Tenés razón", le dije, "No more palids".

Ganador del Concurso
"Historias de No + Pálidas"

Con motivo de los 2 años de la publicación del libro "No + Pálidas", de Enrique Baliño con Carlos Pacheco, X^n Publishing, la división de contenidos de X^n, convocó en agosto de 2012 a un concurso de historias basadas en las ideas del libro.

El objetivo fue divulgar historias inspiradoras de las actitudes positivas, de equipo, de mejora continua y de responsabilidad y de la filosofía de vida generadas a partir del libro, teniendo presente que "el éxito es un viaje, no un destino".

En una reunión realizada el 30 de noviembre de 2012, el Jurado del Concurso de Historias de No + Pálidas, conformado por Florencia Scheitler, Fernanda Fontes, Rafael Rubio, Carlos Pacheco y Enrique Baliño, decidió elegir como historia ganadora a "¡¡Se puede!!", presentada con el seudónimo "León". Se abrió el archivo con los datos y esta pertenecía a Guillermo Spinelli, de Uruguay. Las razones expresadas por el Jurado para elegir "¡¡Se puede!!" fueron las siguientes:

"Es una historia sencilla sobre un niño y su familia que enfrentan con gran dignidad y entereza una situación de adversidad. Es un relato inspirador con el que muchas personas se identificarán y que muestra que las actitudes y los valores promovidos en el libro No + Pálidas pueden ser aplicados en situaciones muy diferentes. Se destaca el estilo directo y sobrio con el que el autor narra una historia muy sensible".

En el artículo 5º de las bases del concurso se estableció: "La historia ganadora, será incluida como un capítulo adicional en futuras ediciones de "No + Pálidas".

Con enorme alegría publicamos a continuación la historia "¡¡Se puede!!", de Guillermo Spinelli.

¡¡Se Puede!!

Por Guillermo Spinelli

La historia que presentaremos a continuación no tiene que ver con el mundo empresarial. Es una simple historia personal, de una persona llamada Gonzalo.

Gonzalo es un niño de 11 años y fue diagnosticado con Diabetes Tipo 1 cuando tenía 2 años. Para los que desconocen esta enfermedad, les comento brevemente que por una causa aún hoy desconocida (generalmente ocurre en personas menores de 30 años), en determinado momento el cuerpo destruye las células beta del páncreas que son las que generan la insulina. A partir de ese momento, el paciente tiene que comenzar con un tratamiento de control regular de la glicemia y de inyecciones de insulina. Con un correcto tratamiento, buena alimentación y una educación constante en diabetes, el paciente puede tener una vida 100% normal.

Personalmente "descubrimos" el libro "No + Pálidas" hace unos 3 años, y mientras lo leíamos vimos las actitudes que como familia tomamos para enfrentar este tema, y en particular cómo lo tomó y enfrentó Gonzalo desde el primer día.

Eso nos llevó a escribir esta historia, fundamentalmente para que sirva como ejemplo para otros que pasen por esta situación, para saber que SE PUEDE.

Durante estos años hemos visto de cerca muchas otras historias en las cuales, lamentablemente, los niños (por distintos motivos) no practicaban una vida normal, no hacían deportes por temor y no tenían un tratamiento ni controles adecuados a su enfermedad.

Cuando repasamos los conceptos del libro, claramente cuando hablamos del concepto de éxito en este tema, hablamos del éxito del día a día en el tratamiento, en los controles de glicemia, en poder tener una vida normal, y esto se logra todos los días con las acciones, con nuestras actitudes y comportamientos. "El éxito es un viaje, no un destino", dice el libro "No + Pálidas".

Para que tengan una idea del tratamiento, por día Gonzalo debe realizarse unos 10 controles de glicemia e inyectarse 8 veces insulina.

Sumado a la diabetes, Gonzalo además es celíaco, por lo cual no puede ingerir ningún alimento con gluten. Esto comenzó a los 3 años. Imaginen a un niño de 3 años con estos dos "detalles".

Cuando generalmente uno le cuenta este tema a otra persona, la primera respuesta es: "Pobre", o "Pa, ¿¿se tiene que pinchar tantas veces??", o "¿se tiene que pinchar para siempre?".

"No + Pálidas" ¡¡please!!….hay otras cosas más importantes en la vida, que son las que realmente nos hacen felices.

Gonzalo parece que hubiera leído este libro, porque desde un primer momento afrontó todo con mucha responsabilidad. Consciente de la situación siempre se hizo los controles y se ha inyectado la insulina de la misma forma que todos nos lavamos los dientes cada día. Además el tema de la condición celíaca, hace que su dieta alimenticia se restrinja a alimentos "habilitados" (o sea, sin gluten) por lo que, por ejemplo, siempre lleva su "vianda" a los cumpleaños escolares o a los campamentos, pero lo más importante es como enfrenta cada una de estas situaciones, con actitud positiva. Como niño que es, para él lo más importante es ir a un cumpleaños a divertirse, a jugar, y no importa si no puede comer algunas comidas, porque lo más importante es jugar con sus amigos. Con esa misma actitud positiva y sabiendo lo importante que es hacer deportes para la diabetes, Gonzalo practica habitualmente muchos deportes con actuaciones destacadas en la mayoría. Hemos visto niños cuyos padres no los dejan jugar al futbol ¡por tener diabetes! Gonzalo practica fútbol, natación, básquetbol, y también participa de alguna carrera de calle compitiendo con mayores (hace poco en una carrera para mayores de 15 años, Gonzalo con 11 años quedó en el puesto 23 entre 1.800 participantes).

La actitud de equipo sin duda que es fundamental, porque Gonzalo no hubiera podido enfrentar solo este tema. Desde el momento en que se le diagnosticó la condición celíaca, en nuestro hogar (formado por los padres y sus dos hermanos), cocinamos todo sin gluten. Además, el apoyo que hemos recibido del grupo interdisciplinario (endocrinólogos, nutricionistas, psicólogos, entre otros) así como de nuestra familia, amigos, personal escolar y personal del club ha sido fundamental en todo momento. Sin todos ellos no habría sido posible enfrentar este tema y llevar una vida 100% normal.

Y también la actitud de mejora continua e innovación es muy importante. Por suerte la ciencia avanza día a día y el tratamiento que hoy recibe Gonzalo es muy superior al que recibía hace 10 años y seguramente será muy inferior al que tendrá en los próximos 10 años. Por eso es fundamental estar siempre informado y capacitado en los nuevos tipos de insulina y nuevos tratamientos.

Esperemos que esta historia aporte a todos, no sólo a los que tienen Diabetes Tipo 1, sino para que todas las personas sepan que SE PUEDE, no importa el problema o enfermedad que tengamos o lo que nos haya sucedido. Si nos proponemos hacer algo con estas cuatro actitudes para el éxito, seguramente lo lograremos.

¿TE GUSTÓ NO MÁS PÁLIDAS?

¿Te gustaría compartir estas enseñanzas con alguien que las pueda aproverchar?

*En **xnpartners.com/nmp** encontrarás cupones para comprar más de un libro a precios reducidos.*

¿Más de 20 libros?

Contáctate con nosotros:

nmp@xnpartners.com
+598 2411 0759

Enrique Baliño
Conferencia Motivacional

---

4 Actitudes para el Éxito

Enrique Baliño, luego de más de 20 años de experiencia como ejecutivo de IBM en los turbulentos ambientes de negocios latinoamericanos, extrae en esta conferencia motivacional un puñado de factores inmateriales que separan las personas y las organizaciones que progresan sostenidamente de las que se estancan y se derrumban.

Contáctate con nosotros:

---

www.xnpartners.com/conferencias
conferencias@xnpartners.com
(+598) 2411 0759

DESCUBRA EL PODER
DEL CAMBIO POSITIVO

De dos de los académicos pioneros del movimiento positivo, llega la nueva introducción a Indagación Apreciativa

CONFERENCIAS Y CONVERSATORIOS

Las conferencias *son presentaciones que tienen como objetivo transmitir los fundamentos, la importancia y el estado del arte del tema. Su duración es de 1,5 horas y no hay límites de participantes.*

Los conversatorios *son presentaciones sobre un tema, a partir del cual se abre una discusión guiada, con el objetivo de que los asistentes reflexionen e interactúen entre ellos y con él/los expositores. Su duración es de 2,5 horas con un máximo de 40 participantes.*

No Más Pálidas
4 Actitudes para el Éxito

Enrique Baliño, luego de más de 20 años de experiencia como ejecutivo de IBM en los turbulentos ambientes de negocios latinoamericanos, extrae en esta conferencia motivacional un puñado de factores inmateriales que separan las personas y las organizaciones que progresan sostenidamente de las que se estancan y se derrumban.

El Factor Liderazgo

El liderazgo es clave en todos los integrantes de la organización. Permite convertirlas de buenas a grandiosas. Determina más que ninguna otra variable, la capacidad de la organización para crear riqueza económica, social y ambiental. El liderazgo hace la diferencia.

El Factor Liderazgo y el Rol de RRHH – La Perspectiva del CEO

La calidad del liderazgo es un factor de crecimiento económico y es una de las pocas variables clave que separan a las sociedades prósperas de las que no lo son. El rol de RRHH es desafiar positivamente y ayudar a los actuales líderes a ser mejores y a desarrollar a la nueva generación de líderes. A su vez, deberá tener una relación franca y clara con su CEO para ayudarlo a ser también, un mejor líder.

¿Cómo se Construyen las 4 Actitudes para el Éxito?

La capacidad de Liderazgo y Gestión se puede construir. Los buenos líderes demuestran un conjunto de comportamientos que producen emociones muy positivas en los demás. Desarrollar las habilidades de liderazgo y gestión implica convertir en hábito esos comportamientos.

¿Qué Hacen los Líderes Eficaces? Modelo de Liderago y Gestión

La capacidad de Liderazgo y Gestión se puede construir. Los buenos líderes demuestran un conjunto de comportamientos que producen emociones muy positivas en los demás. Desarrollar las habilidades de liderazgo y gestión implica convertir en hábito esos comportamientos.

Cómo Crear, Desarrollar y Sostener la Cultura que Queremos

La cultura es el ambiente en el cual su estrategia y su marca pueden ser exitosas o morir lentamente. Desarrollar la cultura organizacional no se logra de la noche a la mañana y requiere enormes cantidades de energía. Para eso están los líderes. Desarrollando su credibilidad, pueden inspirar a otros en la organización para ser mejores. En el viaje, deben tomar decisiones. No solo sobre lo que van a hacer, sino sobre lo que no van a tolerar

www.xnpartners.com/conferencias
conferencias@xnpartners.com
(+598) 2411 0759

CONFERENCIAS Y CONVERSATORIOS

(continuado)

El Poder del Propósito

¿Por qué es tan importante compartir un propósito? Las organizaciones son mucho más que una unidad económica. Un Propósito, ese algo más noble, más grande, que describe el "por qué hacemos lo que hacemos" y tiene la capacidad de unir a todos en torno a algo que "vale la pena".

Pasión por el Cliente – Una Cultura Cliente-Céntrica

Generar la conciencia sobre la importancia del cliente y el compromiso de todos los colaboradores para hacer de la "Orientación al Cliente", uno de los valores fundamentales de la organización. Reflexionar acerca de la estrecha relación entre el liderazgo y la cultura, y en especial el rol del líder como ejemplo y custodio de los valores.

Una Cultura de Equipos de Alto Desempeño

En su primera promoción, la mayoría de los jefes deben su posición a un desempeño individual sobresaliente. Crear una cultura de equipo tiene impacto no solo en los logros y en el ambiente de trabajo, sino en el desarrollo potencial de la carrera de un líder.

Una Cultura de Resultados y Valores

La cultura organizacional es un concepto abstracto, a menudo difícil de asir, pero con una materialidad incuestionable. Se trata de una fuerza determinante de lo que los miembros de la organización piensan, sienten, dicen, hacen y producen y, por ende, de los resultados que logran y del "clima que se respira" en la organización.

Transformación Organizacional

Uno de los errores más frecuentes en cualquier proceso de transformación es abordar solamente el aspecto técnico del cambio. Sin embargo, los líderes deben atender el aspecto social: identificar un propósito positivo e inspirador que movilice a las personas e involucrarlas y comprometerlas con el cambio; entender cómo afecta la transformación a cada una de las partes interesadas, para poder tomar decisiones y acciones en consecuencia.

www.xnpartners.com/conferencias
conferencias@xnpartners.com
(+598) 2411 0759

PARTNERS

Xn Partners es una firma dedicada ayudar a las organizaciones a desarrollarse a su máximo potencial: lograr sus resultados deseados y crear excelentes lugares para trabajar. Xn combina el mejor pensamiento y saber-hacer disponible para desarrollar la capacidad organizacional de liderazgo y gestión que requieren las organizaciones al enfrentar sus desafíos. Con foco en las personas para ayudarlas a transitar los cambios, Xn tiene el propósito de mejorar la calidad de vida de nuestras naciones, una persona, un equipo, una organización a la vez.

Con base en Montevideo (Uruguay) y con alcance internacional, Xn es una sociedad de profesionales con amplia experiencia en posiciones de línea de compañías locales e internacionales. Xn combina el saber-hacer de sus profesionales con las mejores prácticas disponibles para acelerar en las personas y en las organizaciones la formación y el cultivo del liderazgo y la gestión.

Queremos ser reconocidos por desempeñar un papel significativo en la construcción de capacidades organizacionales, en agentes de progreso económico y beneficio social.

Xn Publishing es la unidad de contenidos editoriales de Xn Partners.

PUBLISHING